일러두기

이 책에 수록된 《채근담》의 문구는 어린이들이 읽고 이해하기 편하도록 원문을 다듬었습니다.

참고 문헌

《동양인의 영원한 지혜의 샘터 채근담》, 이석호 지음, 명문당
《채근담》, 박일봉 옮김, 육문사

열 살, 채근담을 만나다

지은이 한영희 | 그린이 소소림

작가의 말

인생의 나침반이 되는
글귀가 담겨 있는《채근담》

　《채근담》이란 중국 명나라 말기, 그러니까 우리나라로 치면 임진왜란이 일어나던 때쯤 살았던 홍자성이라는 사람이 쓴 책입니다.
　《채근담》이라는 제목은 '채근에 관한 이야기'라는 뜻인데, 채근이란 풀뿌리를 먹는다는 의미입니다. 원래 중국 송나라 때의 학자인 왕신민이라는 사람이 말한 〈인상능교채근즉백사가성(人常能咬菜根卽百事可成)〉에서 따온 것이지요. 이 말의 뜻은 사람이 풀뿌리를 캐어 먹을 수 있을 정도의 각오로 노력한다면 어떤 일이든 해낼 수 있다는 것입니다. 즉, 당장은 어렵고 힘들어도 참고 견디면서 노력하면 반드시 성공할 수 있다는 뜻을 담고 있지요. 또한 '채근'이라는 말 속에는 인생을 살아가면서 따라야 할 진리는 풀뿌리처럼 소박하면서도, 깊고, 담백하다는 의미가 담겨 있기도 합니다.

《채근담》은 지은이가 생각하는 인생의 진리에 대해 간결하고, 함축적인 문장으로 이야기하고 있습니다. 전집과 후집의 2권으로 되어 있는데 전집에 222개, 후집에 135개의 문장이 들어 있지요. 전집은 출세하여 벼슬을 할 때, 또 다른 사람들과 관계를 맺을 때 어떤 식으로 행동해야 하는가에 대한 내용이고, 후집은 은퇴 후 한가롭게 인생을 살아가는 즐거움과 자연의 아름다움에 관한 내용입니다.

책의 중심 사상은 유교이지만 불교나 도교의 사고방식도 들어 있어, 동양 사상의 핵심을 모두 모아 놓았다고 할 수 있습니다.

그렇다면 홍자성은 왜 《채근담》이라는 책을 쓰게 되었을까요? 아마도 나이가 들어 살아온 인생을 돌이켜 보니 다시 한번 인생을 산다면 좀 더 지혜롭고 성숙하게 살 수 있을 것이라는 아쉬움을 가졌기 때문인 것으로 보입니다. 그래서 비록 자신은 그렇게 살지 못했지만 후손들만이라도 자신이 깨달은 도리와 이치를 바탕으로 인생의 올바른 길을 쉽게 안내받기를 바라는 마음이었을 겁니다.

따라서 《채근담》을 읽으면 좋을 사람은, 이미 인생을 다 겪어서 《채근담》의 교훈이 옳다는 사실을 깨달은 어른들이 아니라, 앞으로 길고 긴 인생을 살아 나가는 데 지침이 되어 줄 나침반이 필요한 젊은이들, 더 나아가 어린이들이라고 생각합니다.

물론 어린이들이 《채근담》을 한 번 읽고 그 깊은 뜻을 금방 이해할 수는 없을 것입니다. 하지만 열 살 무렵에 《채근담》이 어떤 내용인지 한 번 가볍게 경험해 보고 나면 스무 살, 서른 살이 되었을 때 불현듯 이 책이 다시 떠오르게 되고, 그때 다시 읽는 《채근담》이 살아가는 데 큰 도움이 될지도 모릅니다.

이 책에서는 《채근담》을 처음 접하는 어린이들이 쉽고 친근하게 내용을 이해할 수 있도록 《채근담》의 본문 중에서 약 40개의 좋은 글귀를 뽑아 동화로 구성했습니다. 쉽고 재미있게 읽히는 동화 속에서 자연스럽게 풀뿌리를 씹고 또 씹듯, 여러 가지 맛을 음미할 수 있는 기회가 되었으면 합니다.

차례

작가의 말 4

겨울, 외로운 시작 11
친구 없는 새 학교 13
봄바람 같은 친구 23
어쩌다가 부반장 30

봄, 나는야 부반장 37
책임의 무게 39
엄마랑 동네 구경 44
너 때문에 짜증 나! 49
바른말 고운 말 58
환경 미화 심사 63
김밥의 맛 74
새로운 취미 77

여름, 몸도 마음도 쑥쑥 81
뒤늦은 깨달음 83
공부는 왜? 87
나 때문에 부부 싸움 94
아빠와 함께 공부를 98
부자 친구가 부러워 105
자연은 언제나 스승 111

가을, 열매 맺기 117

자랑보다 반성 119

오해하지 마 123

피아노가 재밌네 127

화해 137

아빠는 과외 선생님 143

알파고보다 군자 150

다시 겨울, 두렵지만 설레는 내일 155

귤 익는 계절 157

눈 속을 걸으며 160

겨울,
외로운 시작

친구 없는 새 학교

학교 갈 준비를 마친 연두는 푹 하고 한숨을 쉬었다. 얼마 전에 할아버지 집으로 이사 온 뒤부터 생긴 버릇이다. 엄마의 말로는 할머니가 세상을 떠나고 혼자 지내는 할아버지가 걱정되어서라는데 그게 다는 아닌 것 같다. 왜냐하면 엄마는 이사 온 뒤 할아버지를 돌보기는커녕 한 푼이라도 벌어야 한다며 갑자기 회사를 다니기 시작했기 때문이다. 게다가 얼마 전 회사를 옮겼다는 아빠는 요즘 어깨가 축 처져 있고 무슨 잘못이라도 한 건지 할아버지와 마주치면 피하기 일쑤다.

연두는 이 모든 상황이 짜증 났다. 이사를 갈지 말지, 어디로 갈지 아무도 자신에게 묻지 않은 것도 그렇고 엄마의 푸념처럼 서울의 넓은 아파트에 살다가 경기도 끝자락의 낡은 한옥 집에 살게 된 것도 그렇다. 창호지 문은 소음을 하나도 막아 주지 않았고, 3월이라도 외풍이 심해 집에서도 옷을 두껍게 껴입어야 했다. 창은 작아 답답하고 신발을 신고 가야 하는 화장실도 엄청 불편했다. 좁은 마당 한가운데 있는 수돗가는 너무 낡아 가까이 가고 싶지도 않았다.

그중에서도 가장 짜증 나는 건 갑자기 전학 와서 아는 친구가 하나도 없다는 거였다. 3학년이 되었다는 것이 조금도 기쁘지 않았다. 유치원부터 1, 2학년 때까지 친하게 지냈던 친구 소희와 어이없이 헤어진 것도 속상했다.

새 학기가 시작된 뒤 며칠간 새 학교, 새 교실에서 낯선 아이들과 서먹서먹한 하루를 보내는 건 그야말로 고통스러웠다. 어제도 온종일 누구와 한마디 말도 하지 못한 채 창밖만 보며 지냈다. 그런데 종례 시간에 선생님은 이렇게 말하는 거였다.

"여러분, 내일은 오늘 앉았던 자리가 아니라, 같이 앉고 싶은 친구들과 앉고 싶은 자리에 앉도록 해요."

"와! 정말요?"

아이들이 웅성거리며 신나했다. 하지만 연두는 그 말을 듣는 순간부터 가슴이 답답해졌다. 친한 친구도 없고, 같이 앉고 싶은 친구도 없고, 같이 앉자고 하는 친구는 더더욱 없었기 때문이다.

엄마는 이런 연두의 마음도 모른 채 창호지 문을 열고 재촉했다.

"뭐 해? 빨리 나와. 늦겠다."

"아직 안 늦어. 학교가 추워서 일찍 가기 싫단 말이야. 엄마 먼저 가."

연두는 입을 삐죽거렸다.

아직 3월이어서 춥다는 말에 일리가 있다고 생각했는지 엄마는 알았다는 말만 남긴 채 후다닥 나가 버렸다. 딸의 고민 따위에는 관심도 없이 출근만 서두르는 엄마가 정말로 원망스러웠다. 다른 엄마들은 딸과 친구처럼 이야기도 많이 나눈다는데 우리 엄마는 왜 바쁘기만 할까. 연두는 최대한 느릿느릿 가방을 다시 정리하고, 천천히 준비물을 챙겨 학교로 향했다.

마음대로 앉는 첫날.

일부러 제일 늦게 교실에 도착했다. 아이들은 이미 끼리끼리 앞쪽부터 앉아 있었다. 교실을 한번 둘러본 연두는 뒤쪽의 빈자리에 슬그머니 가서 앉았다. 짝도 없이 하나 남은 자리였다. 주위에는 남자애들이 대부분이었고, 자기들끼리 별로 웃기지도 않은 얘기를 하며 시끄럽게 웃고 떠들고 있었다. 늘 앞쪽에 앉다가 모처럼 뒤쪽에 앉아 보니 중간에

앉은 키 큰 남자아이들에 가려 칠판 글씨도 잘 보이지 않았다.

'내일은 담임선생님이 키에 맞춰 자리를 정해 주시겠지.'

하지만 예상과는 달리 담임선생님은 내일도 마음대로 와서 앉고 싶은 자리에 앉으라며 종례를 마쳤다. 담임선생님은 연두가 처음으로 만나는 젊은 여자 선생님이었다. 1, 2학년 때 만났던 할머니 선생님에 비해 매일매일 경쾌한 걸음걸이와 밝은 표정, 예쁜 스카프를 매고 오는 것이 좋았다. 하지만 이제는 조금 미워질 것 같았다.

연두의 불편한 마음은 집에 와서도 사라지지 않았다. 대체 어디에 누구랑 앉아야 하나, 이런 고민을 언제까지 해야 하나 짜증이 났다. 연두는 툇마루를 왔다 갔다 하며 푹 한숨을 내쉬었다.

"우리 연두, 무슨 걱정거리라도 있는 거냐?"

할아버지가 방에서 나오며 물었다.

"아…… 그게요."

연두는 할아버지의 질문에 당황해서 말을 더듬었다. 사실 갑자기 함께 살게 된 할아버지가 좀 불편했다. 1년에 몇 번 잠깐씩 할아버지 집으로 놀러 올 때는 몰랐지만 매일매일 집에서 같이 생활하려니 할아버지를 어떻게 대해야 할지 몰랐다. 그건 엄마, 아빠도 마찬가지였나 보다. 다들 일찍 나갔다 늦게 들어온다. 할아버지는 새벽 일찍 나가 운동하고, 낮에는 늘 뭔가를 배우러 다니느라 가족들 중에 제일 바빠 집에 있을 때가 별로 없는데도 말이다. 연두는 할아버지가 어렵고 불편했지만 누구한테라도 말을 하지 않으면 가슴이 터질 것 같아 망설이다 입을 열었다.

"할아버지, 새 학교라 아는 애가 하나도 없어서 너무 힘들어요."

"저런, 우리 연두가 외로웠구나. 그럼 일단 짝하고 친하게 지내 보지 그러니?"

"오늘은 짝도 없었어요. 누구랑 앉아야 할지도 모르겠고요. 우리 선생님은 이상해요. 짝도 안 정해 주고."

"허허허. 그래? 선생님께서 아주 중요한 걸 가르쳐 주려고 그러시는구나."

할아버지는 빙그레 웃더니 방으로 들어가 책 한 권을 들고 나왔다.

"연두처럼 어린 학생이건 할아버지처럼 나이 든 사람이건 늘 힘든 게 사람과 사람 사이의 관계지. 그래서 좋은 친구를 만나는 것만큼 인생에 소중한 일이 없다고들 하잖니. 옛날 어른들은 어떤 사람을 친구로 삼으라고 했는지 한번 알아볼까?"

"그런 것도 책에 나오나요?"

"그럼, 나오지."

할아버지는 돋보기를 쓰고 책을 뒤적이다 어느 구절을 읽어 주었다.

자녀를 가르칠 때는
무엇보다 나가고 들어오는 것을 엄하게 하고
친구 사귀는 것을 조심해야 한다.
만일 한번 나쁜 사람과 만나게 되면,
이것은 마치 깨끗한 논밭에 잡초의 씨앗을 뿌리는 것과 같아서,
평생토록 좋은 곡식을 심기가 어렵다.

"이것 보렴. 옛날 어른들도 아무나 친구로 사귀지 말고 조심해서 사귀라고 하는구나. 농사짓는 밭에 잡초가 생기면 잡초는 농작물인 오이나 호박보다 훨씬 빨리 자라고 순식간에 퍼져서 땅에 있는 양분을 다 먹어 버리거든. 농부가 쉬지 않고 잡초를 뽑아도 또 나고 또 나고 하잖니. 만약 농부가 조금이라도 게으르다면 농사를 망치고 말 거야. 그러니 처음부터 잡초가 생기지 않게 조심하는 게 좋겠지? 자, 그럼 어떤 친구가 좋은 친구인지도 한번 찾아보자꾸나."

착한 사람의 행동은 편안하면서도 복을 부르듯 하고,

깨어 있을 때나 잠잘 때나 늘 온화하다.
그러나 악한 사람은 행동이 거칠고 도리에 벗어날 뿐 아니라
웃으며 말하는 목소리 속에서도 살기가 느껴진다.

"힝, 할아버지 말이 어려워요. 할아버지보다 더, 더, 더, 할아버지가 쓰신 건가 봐요. 무슨 말인지 모르겠는걸요?"

"허허허, 그렇지. 할아버지보다 아주 오래전 할아버지가 쓴 글이지. 우리 연두가 알아듣기에는 너무 어렵겠구나. 자, 쉽게 설명하면 착한 사람과 나쁜 사람은 평소 행동이나 말하는 것만 봐도 차이가 난다는 말이야. 착한 사람은 행동이나 몸가짐이 다 편안하고 복 받을 행동을 하고, 깨어 있을 때뿐 아니라 심지어 잠잘 때도 부드럽고 편안하다는 거지. 그렇지만 나쁜 사람은 행동도 거칠고 말도 거칠어서 웃으면서 말하는데도 다른 사람을 괴롭힐 때가 많다는 거야."

"아, 그러니까 나쁜 표정으로 못된 말을 하는 사람은 일단 나쁜 사람이라는 거죠?"

"물론 사람을 겉만 보고 판단해서는 안 되지만 평소 행동이 늘 그렇다면 그건 정말 나쁜 사람일 수 있다는 거지. 비슷한 얘기로 이런 글도 있단다."

마음이 너그러운 사람은 봄바람처럼
따듯한 기운으로 만물을 살아나게 하지만,
마음이 각박한 사람은 북풍한설처럼 모든 것을
얼어붙어 죽게 만든다.

"이 말은 알겠어요. 좋은 사람은 봄바람 같고, 나쁜 사람은 북풍한설 같다는 거죠? 그런데 북풍한설이 뭐예요?"

"북풍한설은 추운 겨울에 북쪽에서 불어오는 차고 매서운 바람이란다. 그러니 모든 걸 얼어붙게 하고 힘들게 만들겠지. 어떠냐, 연두야? 너희 반에 봄바람처럼 부드럽고 너그러운 친구가 있더냐?"

그러고 보니 연두는 친구들이 낯설어 자신이 외롭다는 생각만 했을 뿐 어떤 친구들이 있는지 제대로 살펴보지 않았다는 생각이 들었다.

"글쎄요. 누구와도 제대로 이야기를 못 나눴거든요. 그래서 누가 봄바람인지 누가 겨울바람인지 모르겠어요."

"그랬구나. 우리 연두가 마음고생이 많았네. 그런데 어쩌면 다른 친구들 중에서 너와 같은 마음인 아이들도 있을지 몰라."

정말로 그랬을까? 다른 친구들도 연두처럼 힘들고 불편했을까? 할아버지 말을 듣고 연두는 친구들에게 살짝 미안한 마음이 들었다.

"연두야, 내일은 학교에 가서 봄바람처럼 부드럽고 착한 친구가 있는지 한번 살펴보렴."

"봄바람처럼 부드러운 친구요?"

"그래. 겨우내 얼었던 땅을 녹이고 꽃을 피우는 따뜻한 봄바람처럼, 친구들 얘기를 잘 들어주고 인정해 주는 너그러운 친구 말이다. 그런 친구라면 네가 먼저 다가가 말을 거는 게 하나도 부끄러운 일이 아니야. 오히려 용감한 일이지. 할아버지는 연두가 그런 친구와 사이좋게 지내면 좋겠구나. 물론 너도 봄바람처럼 부드럽게 친구들을 대하는 것 잊지 말고."

"그럴게요, 할아버지. 그런데 그건 무슨 책이에요?"

"《채근담》이라는 책이란다."

"《채근담》? 책 이름이 이상해요. 음식점 이름 같기도 하고요."

그 소리를 듣고 할아버지는 껄껄 웃었다.

《채근담》은 오래전 중국 명나라 때 홍자성이란 사람이 쓴 것으로 삶의 자세를 알려 주는 지혜로운 책이라고 했다. 책에는 좀 전에 할아버지가 읽어 준 것처럼 짧으면서도 교훈적인 좋은 글이 많이 쓰여 있다고 한다. 할아버지는 앞으로도 연두에게 자주 《채근담》을 읽어 주기로 약속했다.

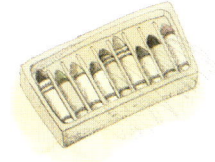

봄바람 같은 친구

할아버지와 했던 약속 때문인지 연두는 어제보다 등굣길이 괴롭지는 않았다. 오늘도 교실에 빈 곳은 뒷자리뿐이었다. 또 뒤에 앉게 되었지만 모든 친구들을 살펴볼 수 있어 좋은 면도 있었다.

그때였다. 우당탕탕 시끄러운 소리가 들렸다.

"석우야, 어쩌다 다친 거야?"

교실 뒷문 쪽에서 몇 명의 남자아이들이 석우라는 아이를 업고 들어왔다. 가방을 들고 따라오는 아이도 있었다. 석우는 다리에 깁스를 하고 있었다. 석우를 자리에 앉히느라 교실은 한동안 시끌벅적했다. 석우

주변으로 아이들이 모여들었다.

"어머, 아프겠다."

"나도 깁스한 적 있는데."

아이들이 와글거리는 사이에 석우를 업고 온 친구는 말없이 구석 자리로 가서 앉았다. 아직 이름을 모르는 친구였다. 그 애는 힘이 들었는지 쌀쌀한 날씨인데도 땀이 나는 듯 소매로 얼굴과 목을 닦았다. 어제만 해도 석우는 멀쩡했으니 아마도 학교가 끝난 후 어딘가에서 다친 모양이었다. 그런데 어디서부터 업고 온 것일까? 연두는 석우보다 왠지 업고 온 아이에게 더 신경이 쓰였다. 아무도 그 아이에게 관심을 갖지 않아서 더 그랬는지도 모른다.

궁금증을 해결할 새도 없이 시간이 흘러 어느덧 점심시간이 되었다. 다들 우르르 음식 앞으로 몰려들어 식판을 들고 줄을 섰다. 연두가 살펴보니 식판에 음식을 받아 석우에게 갖다 주는 아이가 있었다. 아침에 석우를 업고 온 아이였다. 덕분에 석우는 편하게 밥을 먹을 수 있었다. 그런 뒤 그 아이는 다시 뒤쪽으로 가 줄을 섰다. 이미 맛있는 반찬은 거의 사라지고 아이들이 먹기 싫어하는 채소 볶음이나 나물 반찬만 남아 있었다. 그래도 그 아이는 별다른 내색 없이 묵묵히 밥을 먹었다. 연두는 아마도 그 아이가 봄바람 같은 친구가 아닐까 하고 생각했다.

5교시는 미술 시간이었다. 연두가 제일 좋아하는 시간이기도 했다. 선생님은 봄을 기다리는 마음으로 봄 풍경을 그려 보라고 했다. 주변을 둘러보니 나무를 그리고 초록색으로 칠하는 아이들이 많았다.

"얘들아, 나무라고 해서 다 같은 색이 아니야. 자세히 보면 나무마다 색이 다르고 나뭇잎마다 색이 다르지."

연두는 깜짝 놀라 들고 있던 초록색 크레파스를 스르륵 내려놓았다. 나뭇잎이라면 무조건 초록색으로 칠했는데 생각해 보니 선생님 말이 맞았다. 하지만 제대로 표현할 자신이 없었다. 연두는 나무 대신 꽃을 그리기로 했다. 좋아하는 분홍색으로 가득한 꽃밭 말이다. 그런데 매번 분홍색 크레파스만 많이 쓰다 보니 이미 분홍색 크레파스는 손톱만 하게 줄어들어 있었다. 이걸로 제대로 칠하기는 어려울 것 같았다.

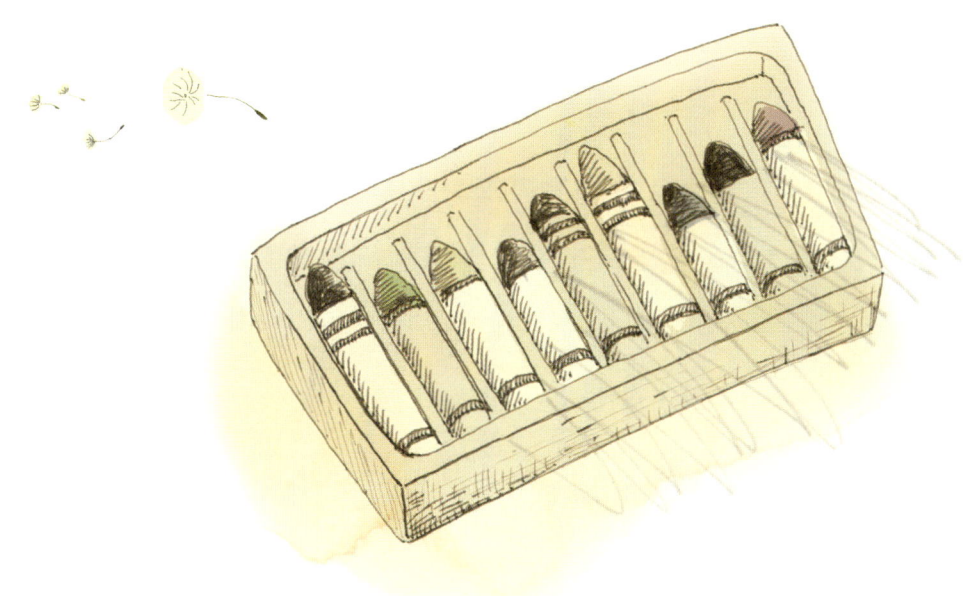

연두는 크레파스를 빌릴 아이가 없을지 슬쩍 고개를 들고 반 아이들을 보았다. 마침 봄바람 같은 아이가 크레파스를 친구에게 빌려주고 있는 게 보였다.

'나도 진분홍색 좀 빌려달라고 할까?'

연두는 고개를 저었다. 도통 입이 떨어지지 않았다.

할 수 없이 연두는 주홍색과 노란색을 섞어 봄을 기다리는 마음으로 꽃밭을 그렸다. 도화지에 가득한 꽃들이 마음을 따듯하게 만들었다.

'우리 반에 봄바람처럼 너그러운 친구가 있다니 어쩐지 학교생활이 즐거워질 것 같네.'

연두는 그림을 마무리하면서 혼자 웃었다. 학교가 끝날 때쯤 그 아이의 이름을 알게 되었다. 하늘이였다. 강하늘.

집에 돌아오자마자 할아버지 방으로 들어간 연두는 하늘이에 대한 얘기를 했다. 그러자 할아버지가 다시 《채근담》을 꺼내 읽어 주었다.

벗을 사귈 때는 반드시 의협심을 지녀야 하고,

좋은 사람이 되려면 반드시 한 점의 순수한 마음을 지녀야 한다.

"아마도 그 하늘이라는 친구가 의협심이 강하고 양보심도 많은 친구인가 보구나."

"양보심은 알겠는데, 의협심은 어떤 마음이에요?"

궁금해진 연두가 물었다.

"쉽게 말하면 나보다 남을 먼저 생각하는 마음이지. 남의 어려움이나 억울함을 보면 그냥 지나치지 못하고 자신을 희생하면서까지 도와주는 마음이야. 그런 사람이 친구로 가까이 있다는 건 참 고마운 일이지."

"아, 그렇구나!"

"위인들 중에는 의협심이 강한 사람들이 아주 많지."

"맞아요. 인도의 간디나 마더 데레사 수녀님도 생각나요."

"우리 연두가 그동안 책을 많이 읽었구나."

할아버지는 연두의 머리를 쓰다듬었다.

이튿날 아침, 학교 가는 길에 석우와 하늘이를 만났다. 절뚝거리는 석우를 하늘이가 부축하며 걷고 있었다. 뒤따라가던 연두는 두 사람을 앞질러야 하나 말아야 하나 고민스러웠다. 아무 도움도 주지 않고 앞질러 가기에는 같은 반 친구로서 너무 야박한 것 같고, 그렇다고 뒤따라가기에는 두 사람의 걸음이 너무 느렸다. 그렇게 고민만 하다 어느덧 교문을 들어와 건물 앞에 섰다. 1층은 1학년 동생들 교실이고, 3학년 교실은 3층에 있었다.

계단이 나오자 하늘이는 말없이 몸을 숙였고, 석우는 미안해하면서 업혔다. 두 사람의 가방은 석우가 들었다. 오늘따라 주변에 같은 반 친구들이 하나도 없었다. 연두는 더 이상 가만 있을 수 없었다.

"이리 줘. 가방은 내가 들게."

연두는 두 사람이 뭐라고 하기도 전에 석우 손에서 가방을 빼앗듯 잡아 자신의 가방까지 세 개를 들고 총총 뛰었다. 가방은 무척 무거웠지만 기분은 좋았다.

한참 뒤에 도착한 하늘이가 연두에게 뭐라고 말하려다가 아이들이 하나둘 교실로 들어오는 것을 보고 자기 자리로 돌아갔다. 연두는 아무것도 모르는 척 하루를 시작했다.

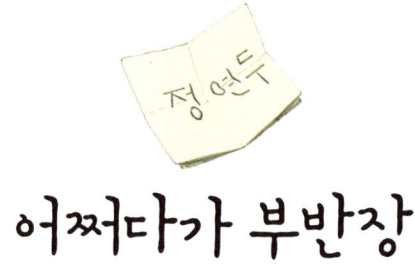

어쩌다가 부반장

"자, 오늘은 한 학기 동안 우리 반을 이끌어 줄 반장, 부반장을 뽑으려고 해. 먼저 자신이 우리 반을 한번 이끌어 보고 싶다고 생각하는 사람 있으면 손들어 볼까?"

조회를 마친 담임선생님은 이렇게 말했다.

아이들은 키득거리며 서로 눈치를 보았지만 금세 여기저기서 "저요, 저요!" 하고 손을 들었다.

선생님은 그 아이들의 이름을 칠판에 모두 적었다.

"어머, 우리 반에 리더십 있는 친구들이 많았네. 좋아요. 그럼 공평하게 이번에는 반장으로 추천할 만한 사람이 있는지 얘기해 볼까?"

그러자 또 몇 명이 누군가를 추천했다. 그때 어디선가 "정연두를 추천합니다."라는 소리가 들렸다. 연두는 깜짝 놀랐다. 하늘이었다.

"정연두는 다른 학생들보다 희생정신이 많은 것 같습니다. 연두라면 우리 반을 잘 이끌어 갈 것 같아 추천합니다."

반장을 해본 경험이 없는 연두는 당황스럽고 놀라워 어떻게 해야 할지 몰랐다. 게다가 전학 온 지 얼마 안 되어 조용히 있는 듯 없는 듯 지냈기 때문에 누군가 자신의 이름을 알고 있다는 데 놀랐고, 또 갑작스럽게 많은 아이들 앞에서 자신의 이름이 불려진 것에도 놀랐다. 무조건 못하겠다는 생각뿐이었다.

선생님은 연두의 이름까지 칠판에 적은 후 교탁을 두드렸다.

"자, 그러면 이제부터 후보자들의 각오를 들어 보자. 한 사람씩 앞으로 나와서 자신의 이름과 반장으로서의 각오, 또 반장이 된다면 어떻게 우리 반을 만들어 갈지 편하게 이야기하면 돼. 이름이 적힌 순서대로 시작해 볼까?"

스스로 반장을 하겠다고 손들었던 동호, 영민이, 은지, 주영이는 당차게 공약을 내걸었다.

"축구를 자주 하는 반으로 만들겠습니다."

"한 달에 한 번 우리 반에 아이스크림을 쏘겠습니다."

"옆 반보다 더 잘 노는 반으로 만들겠습니다."

"남자아이들과 여자아이들이 서로 싸우지 않는 사이좋은 반으로 만들겠습니다."

아이들의 발표를 들을수록 연두는 반장이 자신 없어 못하겠다고 말하는 건 너무 바보 같다고 여겨졌다. 더구나 하늘이가 추천까지 해 주었는데 무책임하게 포기할 수는 없었다. 갈등하는 사이에 연두 차례가 되었다. 교탁까지 걸어가는 내내 다리가 후들후들 떨릴 정도였다. 어지럽고 입이 바짝바짝 말랐다. 아이들의 눈동자가 온몸에 박히는 것처럼 따가웠다. 하지만 여기서 바보 같은 모습을 보이면 안 되겠다는 생각에 눈을 질끈 감았다.

"정연두입니다. 저는 올해 이곳으로 전학을 와서 아는 친구가 하나도 없습니다. 그래서 제가 반장이 된다면 친구들의 이야기를 많이 듣고, 친구들과 이야기를 많이 나누면서 친구들이 원하는 반으로 차근차근 만들어 나가겠습니다."

발표가 너무 오랜만이라 자리에 돌아와서도 몸이 계속 떨렸다. 모든 것이 멈춘 듯 꿈속 같은 느낌도 들었다.

잠시 후 투표와 개표가 시작되었다. 반 전체가 23명인데 후보가 9명이나 되어 칠판에 이름이 가득했다. 투표 종이가 하나씩 열릴 때마다 선생님이 이름을 불렀고, 주번이 이름 옆에 표기를 했다. 가끔씩 연두 이름도 들렸다. 그럴 때마다 연두는 깜짝깜짝 놀랐다.

'나도 안 쓴 내 이름을 도대체 누가 적은 걸까?'

연두는 얼굴이 화끈거렸다. 그런데 더 놀라운 건 결과였다.

연두가 7표를 받아 부반장이 되었다. 반장은 9표를 받은 최동호였다. 연두는 너무 놀라고 당황스러워 기쁘다는 생각도 들지 않았다. 당선 소감을 말하면서도 정신이 없어 횡설수설했다. 수업이 끝나기만 기다려 집으로 달려왔다.

"할아버지, 큰일 났어요!"

연두가 헉헉거리며 마루로 올라섰다.

"무슨 큰일?"

"오늘 반장 투표를 했는데, 제가 부반장이 됐어요."

"오, 그건 큰일이 아니라 축하할 일이구나. 축하한다, 연두야."

"아니에요. 축하하지 마세요. 무서워 죽겠어요. 제가 어떻게 부반장을 해요. 한 번도 해본 적 없는데……."

"허허, 연두가 뭔가 잘못 생각하고 있구나."

사람들을 보면 갖춘 이도 있고, 갖추지 못한 이도 있거늘,

어찌 나 혼자만 다 갖추려 할 수 있겠는가?

또 자신을 보면 도리에 맞는 것도 있고 맞지 않는 것도 있거늘,

어찌 사람들이 다 도리에 맞기를 바랄 수 있겠는가?

이와 같이 남과 나를 비교해서 다스려 나간다면,

세상을 살아가는 좋은 방법이 될 것이다.

"《채근담》의 글인가요?"

"그래. 이미 부반장으로 뽑힌 마당에 자격을 생각하지 말고 앞으로 어떻게 할지를 고민해야지. 친구들이 너를 뽑아 준 이유를 생각하고, 그 친구들에게 보답할 생각을 하렴."

좋은 이름, 아름다운 절개는 혼자만 차지하지 마라.

조금은 나누어 남에게도 주어야

해를 멀리하고 몸을 보전할 수 있다.

욕된 행실, 더러운 이름은 남에게만 미루지 마라.

조금은 끌어다 나에게도 돌려야 빛을 지니고 덕을 기를 수 있다.

작은 길 좁은 곳에서는 잠시 멈추어
남에게 먼저 지나가도록 양보하고,
맛있고 좋은 음식은 10분의 3만 덜어서
남에게 맛보도록 양보하라.
이것이 바로 세상을 평안하게 살아가게 하는 방법이다.

  할아버지로부터 좋은 이야기와 응원하는 말을 듣자 연두의 마음도 조금 진정되었다. 남보다 잘나서가 아니라 친구들이 뽑아 주어 부반장이 된 것이니까 언제나 감사하고 양보하며 친구들을 위한다면 잘못될 일은 없지 않을까 싶었다.
  마음이 편해진 연두는 그제야 엄마에게 전화를 걸어 부반장이 되었다는 소식을 전했다. 엄마는 할아버지보다 훨씬 좋아했다. 퇴근길에 연두가 좋아하는 통닭을 사 오기로 했다. 처음으로 이사 오길 잘했다는 생각이 드는 날이었다.

봄,
나는야 부반장

책임의 무게

부반장이 되어서일까? 연두는 알람이 울리기 훨씬 전에 잠에서 깼다. 5분만 더 자겠다며 알람을 껐던 평소의 모습과는 사뭇 달랐다. 부지런히 씻고 학교에 갈 준비를 마쳤다. 그 모습을 본 엄마와 아빠가 놀리기 시작했다.

"호호호, 우리 부반장님, 어쩐 일이야? 이렇게 일찍 일어나고."

"부반장 당선 기념으로 예쁜 옷도 사 줘야겠네."

"아빠, 엄마! 그만 좀 해요."

창피해진 연두는 밥을 먹다 말고 가방을 챙겨 들었다.

"어머, 부반장님 벌써 가시게요? 그 반 친구들은 정말 좋겠어요. 연두처럼 부지런한 친구가 부반장이 돼서."

연두는 엄마의 놀림을 뒤로하고 학교로 향했다.

사실 부반장이라고 해서 특별히 할 일이 많은 것도 아니었는데 마음만은 어제와 달랐다.

'반 친구들이 나를 인정하고 지지해 주었어!'

생각할수록 신기했고, 그동안 괜히 친구들을 낯설어하고 다가가지 않으려 했다는 게 미안했다. 앞으로 친구들의 이야기를 잘 듣고 함께해야겠다고 마음먹었다. 할아버지에게 배운 《채근담》의 가르침을 생각하며 연두는 마음을 다졌다.

공을 세우고 성공을 이룬 사람은 대개
허심탄회하고 원만한 사람이고
일을 실패하고 기회를 놓친 사람은
반드시 집착하고 고집 센 사람이다.

담임선생님은 이제 반장, 부반장도 뽑혔으니 오늘부터는 제대로 된 자리를 정해 주겠다고 말했다. 정해진 자리에 친구들이 앉는 걸 보니

요 며칠 친하게 같이 앉던 친구들을 대부분 떨어뜨려 놨다. 아무래도 선생님의 뜻인 것 같았다.

"지연아, 흑! 자리가 멀어져 아쉽네."

"나도 그래, 은지야."

아이들은 아쉬움에 인사를 했지만 그 덕에 새로운 친구를 사귈 수 있게 될 테니 좋은 점도 있을 것이다. 또 이 자리에 영원히 앉게 되는 것은 아니고 한 달에 한 번은 바꿀 테니 짝이 마음에 안 든다고 실망할 필요도 없다.

연두의 옆자리에는 짝꿍이 먼저 와 앉아 있었다. 뜻밖에도 하늘이였다. 반가운 마음 반, 불편한 마음 반이었다. 하늘이는 연두를 보고도 별말이 없었다. 그래도 하늘이 추천으로 부반장이 되었으니까 뭐라고 말을 해야 할 것 같았다. 연두가 하고 싶었던 말은 고맙다는 것이었는데 입 밖으로 나온 말은 딴판이었다.

"넌 갑자기 왜 나를 추천한 거니?"

하늘이는 이상한 걸 묻는다는 듯 고개를 갸우뚱거리며 대답했다.

"어제 말했잖아. 네가 희생정신이 많아 보여서라고."

"고작 가방 들어 준 게? 너는 석우를 업고 힘든 계단을 오르기까지 했는데?"

"에이, 난 남자잖아. 그 정도는 힘든 것도 아니야."

"헐! 여기서 남자, 여자가 왜 나오니? 너 진짜 웃긴다."

연두가 마음에도 없는 심통을 부렸지만 하늘이는 개의치 않고 교과서를 펼쳤다.

"야, 너 좀 떨어져 앉아."

결국 연두는 하늘이의 책상을 밀어 버렸다. 그래도 하늘이는 어깨만

으쓱거릴 뿐이었다.

 사실 연두는 하늘이가 고맙고 미안했다. 추천을 하자면 하늘이를 반장 후보로 추천해야 했는데 연두는 그걸 못했다. 그래서 미안한 생각에 마음에도 없는 이상한 말만 하게 된 거다. 원만한 사람이 되겠다는 다짐은 어디로 가 버렸는지……. 연두는 하늘이가 자꾸만 신경 쓰여 수업 내용이 하나도 귀에 들어오지 않았다.

엄마랑 동네 구경

선생님은 주말 동안 살고 있는 동네를 살펴보라는 숙제를 내주었다. 동네에 있는 여러 곳 중 어디든 찾아가서 그곳을 방문한 사람 두 명을 인터뷰하는 숙제였다. 각자 하는 숙제였지만 반 아이들은 자연스럽게 삼삼오오 함께 갈 친구를 정했다.

"공원으로 가자."

"소방서를 가 보는 게 어때?"

아이들은 와글와글 떠들었다. 연두는 누구랑 가야 할지 아직은 막막했다. 낯선 동네를 혼자 돌아다닐 수도 없어 엄마와 함께 숙제를 하기로 했다.

  토요일 낮, 연두와 엄마는 모처럼 둘이서만 외출했다.

"자, 이제 어디로 가 볼까?"

"엄마, 시장에 가 보고 싶어요. 아직 이 동네 시장은 한 번도 못 가 봤거든요."

"그래? 그렇다면 이쪽이다."

  엄마와 찾아간 재래시장은 서울에서 본 대형 마트와는 다른 분위기였다. 할머니들이 물건을 파는 가게도 많았고 즉석에서 만든 부침개나 반찬을 파는 가게도 많았다. 시장 안에는 장 보러 온 사람들이 가득했다. 두 명만 인터뷰하면 됐지만 사람들에게 선뜻 다가가기가 쉽지 않았다. 괜히 시간만 보내다 맛있는 냄새가 나는 만두 가게를 발견했다.

"연두야, 일단 만두부터 먹을까?"

"좋아요!"

  연두와 엄마는 가게 안으로 들어갔다. 메뉴판에는 만두 종류가 무척 많았다.

"뭘 먹을까?"

  그때 옆 테이블의 아주머니가 부추 만두랑 새우 만두가 맛있다고 추천했다. 그 말에 용기를 얻어 연두는 아주머니에게 다가갔다.

"안녕하세요? 저는 정연두라고 하는데요, 학교 숙제 때문에 인터뷰를 해야 하는데 혹시 아주머니와 해도 될까요?"

아주머니는 재밌겠다며 선뜻 응해 주었다.

"이 가게는 어떻게 알고 오셨어요?"

"동네 사람이라면 다 아는 곳이야. 여기 만두가 얼마나 맛있는데! 여기서 먹어 보면 다른 데 못 가지."

"얼마나 자주 오시나요?"

"일주일에 두 번 정도? 우리 집 식구들이 모두 좋아하거든. 우리 아들은 부추 만두를 좋아하고 나는 새우 만두를 좋아하고, 호호호."

질문할 때마다 아주머니의 이야기가 술술 풀려 나왔다. 덕분에 난생처음 하는 인터뷰가 하나도 어렵지 않았다.

두 번째 인터뷰는 채소 가게에서 할 수 있었다. 인터뷰를 하다 보니 기자라는 직업도 재밌을 것 같았다. 그 말을 들은 엄마는 연두가 기자가 돼서 9시 뉴스에 나오면 좋겠단다. 엄마는 꼭 저런다니까. 부담 주는 데는 선수다.

시장을 나와 집으로 오는 길에 하늘이를 봤다. 허름한 만화 가게로 들어가고 있었다.

"어? 하늘······."

"왜? 누구니? 아는 친구야?"

엄마가 호기심을 보이며 물었다.

"아, 아니에요. 그런데 엄마는 뭐가 그렇게 궁금해요?"

머쓱해진 연두는 괜히 엄마에게 심술을 내며 고개를 돌렸다.

'하늘이는 만화 가게를 취재하려는 걸까? 하긴 그림 그리는 걸 좋아하니까…….'

숙제 발표 시간. 연두는 재래시장에 대한 발표를 했다. 선생님은 인터뷰 내용이 충실하다고 칭찬해 주었다. 그런데 하늘이는 만화 가게가 아니라 태권도 학원에 다녀온 내용을 발표했다.

"너 만화 가게 들어가는 거 봤는데, 거기 취재 간 거 아니었어?"

"아, 취재가 아니고 거기가 우리 집이야."

무심히 말하는 하늘이에게 연두는 뭔가 묻지 말아야 할 걸 물은 것처럼 미안했다. 만화 가게를 하는 것이 잘못도, 비밀도 아닌데 왜 미안한 마음이 드는 건지……. 연두는 하늘이가 불편해졌다.

너 때문에 짜증 나!

하지만 시간이 지날수록 연두를 더 불편하게 만드는 친구는 반장 동호였다. 동호는 축구를 잘하는 반으로 만들겠다고 공약했었다. 그 말을 지키기라도 하듯 매일 학교에 축구공을 가져왔고 쉬는 시간마다 남자아이들을 데리고 나가 축구를 했다. 그러면서 학급 임원이 해야 할 일은 자꾸만 연두에게 미뤘다.

독서 카드를 걷는 것도, 수업 준비물 공지도 모두 연두 혼자 해야 했다. 처음에만 그럴 줄 알았는데 시간이 지나도 상황은 마찬가지였다.

'도대체 무슨 생각으로 반장이 되겠다고 한 거지?'

연두는 동호를 보면 한숨이 나왔다.

'반장 일 좀 제대로 하라고 한마디 할까? 아니면 선생님한테 사실대로 말해 버릴까?'

하지만 할아버지에게 배운 《채근담》의 글귀를 떠올리며 조금만 더 참아 보기로 했다.

남의 작은 잘못을 꾸짖지 말고, 남의 비밀을 폭로하지 말며,
남의 지난 잘못을 들춰내지 마라.
이 세 가지는 덕을 기르고 해를 멀리해 줄 것이다.

남을 꾸짖을 때는 허물 있는 가운데서 허물 없음을 찾아내라.
그러면 감정이 평온하다.
자기를 꾸짖을 때는 허물 없는 가운데서 허물을 찾아내라.
그러면 덕이 깊어진다.

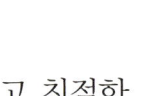

그나마 다행인 것은 연두 앞자리에 앉은 민희가 붙임성 있고 친절한 아이라는 거였다. 누구에게나 상냥해 정말 부드러운 봄바람 같은 아이였다. 오동통 귀여운 민희는 책을 좋아해서 연두와 자주 바꿔 읽기도 했다. 민희는 주은이와 짝이었는데 주은이는 늘씬한 키에 아이돌을 엄청 좋아하는 아이였다. 덕분에 유행하는 노래는 모르는 게 없었다. 하지만 쉬는 시간이면 늘 2학년 때 친구가 있는 옆 반으로 달려가곤 했다. 그러다 보니 연두는 민희와 많은 이야기를 하게 되었고 두 사람은 성격도 비슷해 금세 친구가 되었다. 연두는 하늘이나 동호에 대한 걱정은 접고 민희와 친하게 지내야겠다고 생각했다.

두 사람은 집도 같은 방향이었다. 함께 집으로 오는 길에 민희가 알려 준 곳에서 같이 떡볶이도 사 먹고 아이스크림도 사 먹었다. 연두는 민희와 헤어지는 게 아쉬워 내일이 빨리 오기를 바랄 정도였다.

민희는 연두의 부반장 일도 많이 도와줬다. 연두는 동호 대신 민희와 함께 선생님 심부름을 할 때가 오히려 마음이 편했다. 동호는 미루기 대장일 뿐 아니라 장난이 심해서 '초록이 동생 연두'라며 연두를 놀리기 일쑤였다.

그사이 석우도 다리가 다 나아 이제는 하늘이가 업어 주지 않아도 되었다. 알고 보니 석우는 하늘이네 집 근처에서 살고 있었는데 둘이 딱히 친한 사이는 아니었다. 석우는 떠들썩한 성격이라 오히려 동호와 잘 어울려 놀았다. 조용한 성격의 하늘이는 자리에 앉아서 그림을 그리거나 음악을 들을 때가 많았다.

오늘도 하늘이는 공책에 그림을 그리고 있었다. 공책에는 움직이는 사람의 모습이 여럿 그려져 있었다.

"어머, 너 그림 진짜 잘 그린다. 어디서 배운 거야?"

민희가 하늘이에게 물었다.

"배운 건 아냐."

"정말? 배우지도 않았는데 이렇게 잘 그려? 대단하다."

민희가 호들갑을 떨었다.

"너 그럼 엘사도 그릴 수 있겠다?"

"겨울왕국 엘사?"

민희의 말에 하늘이는 쓱쓱 엘사 공주를 그렸다.

"와, 예쁘다."

민희는 신기한 듯 눈을 떼지 못했다.

"예쁘면 너 가져."

하늘이가 웃으며 엘사 공주가 그려진 공책을 주욱 찢어 민희에게 주었다.

그 모습을 지켜보는 연두는 살짝 샘이 났다.

'쳇, 뭐야. 짝꿍인 나한텐 안 주더니 민희는 달라고도 안 하는데 그림을 주네.'

그런 생각을 읽기라도 한 듯 하늘이가 연두에게 물었다.

"너도 그려 줄까?"

연두는 마음이 들킨 듯 당황스러워 말문이 막혔다.

"넌 키티 좋아하지?"

"그, 그걸 어떻게 알았어?"

"너 가방도 헬로 키티, 신발도 헬로 키티잖아."

사실이었다. 연두는 핑크색도 좋아하고 헬로 키티도 좋아해서 키티 캐릭터가 그려진 물건을 많이 가지고 있었다. 그것을 하늘이가 알아본 것이다.

하늘이는 귀여운 키티를 쓱쓱 그리더니 연두에게 건넸다.

"자."

"예쁘다! 고마워."

키티 덕분에 연두는 처음으로 하늘이에게 고맙다는 말을 했다. 그 말을 하고 나니 비로소 가슴이 뻥 뚫린 것처럼 기분이 좋아졌.

그 일이 있은 뒤부터 자연스럽게 연두와 민희, 하늘이는 셋이서 같이 밥을 먹고, 쉬는 시간에도 같이 놀고, 집에 갈 때도 같이 가는 일이 많아졌다. 셋이 있으면 정말 즐거웠다. 친구가 없어 외로웠던 때가 언제였는지 기억조차 나지 않았다.

학교 대의원 회의가 있는 날이었다. 학급 대표로 반장과 부반장이 참석해야 했다. 회의실에 도착하자 다른 반의 반장, 부반장들도 모여 있었다. 그날의 주제는 신나는 학교생활을 만들기 위한 안건을 내는 것이었다. 연두는 이런 큰 회의가 처음이라 신기하기도 하고 자신감이 없어져 조금 주눅이 든 채 앉아 있었다. 그런데 동호는 연두와는 달리 번쩍 손을 들더니, 이번에도 축구를 잘하는 학교로 만들자는 말을 꺼냈다.

"우리 학교를 축구 잘하는 학교로 만들고 싶습니다. 교장 선생님께 축구부를 만들어 달라고 건의하면 좋겠습니다."

"축구부가 있다고 아이들이 신나는 학교생활을 할 수 있을까요?"

"맞아요. 좀 더 신중한 안건이 필요합니다."

연두에게는 다른 반 임원들이 동호의 의견에 관심 없는 것처럼 보였다. 그런데도 자꾸만 축구부를 주장하는 동호가 민망하기도 하고, 창피하기도 했다. 결국 회의를 마치고 돌아오는 길에 그간 쌓였던 속마음을 꺼내고 말았다.

"동호야, 넌 학교에 축구하러 오는 거니? 언제까지 축구, 축구 타령만 할 거야?"

"그래, 축구하러 온다. 그게 뭐 어때서?"

오히려 동호는 당당했다.

"축구 싫어하는 애들도 많잖아. 여자아이들은 축구도 안 하고."

"축구를 싫어하는 애들이 이상한 거지. 해봐. 얼마나 재미있는데. 그러면 뭐, 하늘이처럼 앉아서 그림만 그리는 게 잘하는 거니?"

연두는 깜짝 놀랐다. 갑자기 하늘이 얘기가 튀어나와서이기도 하지만 반 아이들에게 관심도 없어 보였던 동호가 하늘이가 그림을 그리는 것까지 알고 있다는 게 놀라웠다.

"갑자기 여기서 하늘이 얘기가 왜 나오니?"

연두의 말에 동호는 픽 웃으며 연두를 놀리기 시작했다.

"너 이상하다. 왜 하늘이 편을 드냐? 하늘이 좋아하냐? 얼레리 꼴레리~ 정연두는~ 강하늘을 ~ 좋아한대요~."

연두는 너무 화가 나 온몸이 부르르 떨렸다.

"야! 최동호, 너 거기 안 서? 계속 이상한 말을 하면 너, 너, 가만 안 둘 거야!"

하지만 동호는 뒤도 안 돌아보며 더 큰 소리로 떠들어 댔다.

"얼레리 꼴레리~ 정연두는~ 강하늘을~ 좋아한대요~. 얼레리 꼴레리~."

연두는 누가 들을까 두려워 주위를 살펴봤지만 다행히 다른 아이들은 없었다.

바른말 고운 말

"동호는 바보, 멍청이예요. 축구밖에 모르는 그런 자식은 반장 자격이 없다고요. 반장 맡을 주제도 안 되면서……."

집에 돌아온 연두는 분이 풀리지 않아 할아버지에게 동호의 험담을 쏟아 냈다.

"아니, 연두야. 도대체 어디서 그런 말을 배운 거냐?"

순간 연두는 당황해서 입을 다물었지만 할아버지는 연두가 다른 사람을 흉보는 것에 충격을 받은 것처럼 보였다.

입은 곧 마음의 문이다.

입 지키기를 엄밀히 하지 않는다면

진정한 비밀이 다 새어 나간다.

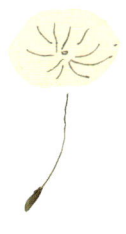

뜻은 마음의 발이다.

나쁜 뜻 막기를 엄격히 하지 않는다면

비뚠 길로 달아나 버린다.

날씨가 화창한 봄이 되면 꽃도 아름답게 피어나고

새들도 고운 소리로 지저귀는데,

선비로서 다행히 남들보다 뛰어나 잘 먹고 잘 입으면서도

좋은 말과 좋은 행동을 하지 않는다면

백년을 산들 하루도 살지 못한 것과 다를 것 없다.

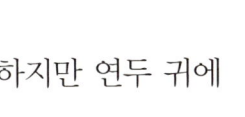

할아버지는 《채근담》 글귀를 몇 개나 읽어 주었다. 하지만 연두 귀에는 제대로 들어오지 않았다.

"할아버지! 동호는 그럴 가치도 없는 애라고요!"

악함을 듣더라도 금방 미워하지 마라.
남을 헐뜯는 사람의 분풀이가 될까 두렵다.
착함을 듣더라도 급히 사귀지 마라.
간사한 사람에게 속아 그의 출세를 끌어 줄까 두렵다.

속이는 사람을 만나거든 정성스런 마음으로 감동시키고,
난폭한 사람을 만나거든 온화한 기운으로 감화시키며,
마음이 비뚤고 사욕에 어두운 사람을 만나거든
정의와 절개로 모범을 보여라.
이렇게 하면 천하에 나의 뜻에 따르지 않을 사람이 없다.

"할아버지, 정의와 절개로 모범을 보이라고요? 정의도, 절개도, 모범도 다 어려워요!"

"허허, 그렇구나. 그러나 가만히 생각해 보면 그게 다 하나로 통하는 말이란다. 정의는 바른 생각을 말하는 거고, 절개는 바른 생각을 지키려는 마음을 말하는 거고, 모범은 남들이 본받을 만한 바른 모습을 보이는 거니까 결국 바른말과 행동을 하면 누구든 따라온다는 뜻이지."

"휴, 못되게 행동하는 동호에게까지 바르게 모범을 보여야 한다고요?

말도 안 돼요!"

연두는 계속 투덜거렸다.

"자자, 진정 좀 하렴. 말 한마디에 발끈하지 말고 동호와 차분히 얘기해 보는 게 좋겠구나."

할아버지와 얘기를 나누자 연두의 마음도 어느 정도 누그러졌다.

다음날 연두는 학교에 가자마자 동호를 찾았다. 친절하고 부드러운 말로 설득해볼 생각이었다. 그러나 동호는 능글거리며 피하기만 했다. 주위의 아이들이 무슨 일인가 하며 자꾸 쳐다보는 바람에 할 수 없이 한마디만 했다.

"최동호, 넌 반장이니까 누구보다 바른말 고운 말을 써야 해. 알고 있지?"

연두의 진심이 통했는지 동호는 그 뒤로는 별다른 장난을 치지 않고 축구하러 나갔다. 게다가 학급별 환경미화 심사가 다음 주로 다가와 있어서 연두는 더 이상 동호에게 신경 쓸 겨를이 없었다.

환경 미화 심사

"봄이니까 우리 교실도 전체적으로 화사하게 꾸며 보자. 우리 반의 상징 색깔을…… 음, 어떤 색으로 할까? 아, 연두가 어떨까?"

아이들도 깔깔거리며 찬성했다. 연두는 처음으로 자신의 이름이 마음에 쏙 들었다.

교실 곳곳이 진한 연두, 밝은 연두, 흐린 연두 등 온통 연두색으로 장식되기 시작했다. 예쁘게 그리고 꾸미는 건 미화부장보다 하늘이의 활약이 컸다.

"우리 반에는 솜씨 좋은 인재들이 많구나."

선생님은 이렇게 실내를 아름답고 조화롭게 꾸미는 것이 인테리어 디자이너가 하는 일이라고 설명했다. 처음 듣는 직업이었지만 멋진 직업 같았다. 연두는 인테리어 디자이너에 조금 호기심이 생겼다.

'꾸미는 건 즐거워. 나중에 집도 예쁘게 꾸밀 수 있고……. 인테리어 디자이너를 장래희망으로 삼는 것도 좋겠어.'

하지만 환경 미화 심사에서는 청소가 제일 중요하다. 수업을 마친 뒤 반 아이들은 구석구석 청소를 시작했다. 교실 바닥과 유리창, 복도까지 다른 때보다 열심히 닦고 쓸었다. 그렇게 며칠 동안 하고 나니 정말 교실이 꽤 번듯해졌다.

부반장이어서 그런지, 반의 상징 색깔을 연두색으로 해서인지 연두는 환경 미화에 신경이 많이 쓰였다. 신기한 일이었다. 1학년, 2학년 때도 환경 미화 심사가 있었지만 이렇게까지 학급 일에 관심을 갖지 않았다. 그냥 선생님이 시키는 대로 했고 귀찮다고만 여겼다. 하지만 자신이 학급 임원이 되어 주도적으로 진행하니까 훨씬 재미있었다.

어느새 지난번 학교의 기억이 가물가물했다. 이렇게나 빨리 새 학교에 정이 들다니! 연두는 전학을 오게 만든 엄마, 아빠를 원망했던 일이 미안할 정도였다.

"역시 꾸미기보다는 청소가 먼저야."

선생님은 완성되어 가는 교실을 보며 흐뭇하게 말했다.

집으로 돌아온 연두는 자신의 방을 이리저리 살펴보다가 처음으로 방 청소를 해야겠다는 생각이 들었다. 그동안 방 청소하라는 엄마의 말은 죄다 잔소리로만 들렸는데, 교실 환경 미화를 하고 보니 방을 정리하면 기분도 좋아지고 공부할 마음도 생길 것 같았다.

"할아버지! 제 방을 청소했는데 한번 봐 주세요."

"아이고, 몰라보게 깔끔한걸?"

"아, 더 예쁘게 하고 싶은데 좋은 아이디어가 없을까요?"

"하하하, 청소만으로도 충분해 보이는데, 다른 아이디어가 필요한 거냐?"

할아버지가 웃으면서 《채근담》의 글귀를 읊어 주었다.

성취하지 못할 목표를 함부로 시도하기보다는

이미 이룬 성과를 제대로 보전하는 것이 낫고,

이미 저지른 실수를 후회하기보다는

새로운 잘못을 저지르지 않도록 예방하는 게 낫다.

드디어 환경 미화 심사 날, 연두는 신경이 쓰여 다른 날보다 일찍 학교에 갔다. 혹시 부족한 부분이 있을까 점검하기 위해서였다. 그런데 교실 한쪽 벽에 전날까지 보이지 않던 낙서가 눈에 띄었다.

'정연두 ♡ 강하늘'

낙서를 보는 순간 연두는 깜짝 놀랐다. 이걸 누가 쓴 거지? 아니, 누구랄 것도 없다. 당연히 동호일 것이다. 얼른 지워야 한다는 생각뿐이었다.

'아냐. 이건 증거 사진을 남겨 뒀다가 따져야겠어.'

연두는 얼른 휴대 전화로 낙서를 찍었다. 그리고 친구들이 오기 전에 낙서를 지웠다. 다행히 낙서는 연필로 써 있어서 쉽게 지울 수 있었다. 만약 연두가 먼저 발견하지 못했다면 친구들에게 엄청 놀림을 당했을 것이다. 게다가 환경 미화 심사 선생님이 보았다면 감점이 분명했다. 그러자 연두는 동호를 도저히 용서할 수가 없었다.

다행히 교장 선생님과 교감 선생님의 심사에서 연두네 반은 칭찬도 많이 듣고 전교에서 3등을 했다. 담임선생님은 3등도 대단하다며 칭찬했지만 연두는 뭔가 아쉬웠다. 자신이 좀 더 열심히 하지 못한 게 안타까웠고 엄마한테 부탁해 멋진 화분이라도 사다 놓을 걸 그랬나 하는 후회도 들었다. 집으로 돌아온 연두는 할아버지에게 결과를 이야기했다.

"화분같이 물질로 상을 타려는 건 좋은 생각이 아니야. 그래도 그동안 수고 많았구나. 오늘은 걱정을 접고 푹 쉬렴."

"네, 그럴게요. 정말 피곤함이 몰려와요."

일이 적은 것보다 더 큰 복이 없고,

걱정이 많은 것보다 더 큰 재앙이 없다.

오직 일에 시달린 사람이라야

일이 적은 것이 복이라는 것을 알게 되고

오직 마음 편한 사람만이

비로소 걱정 많은 것이 재앙임을 알게 된다.

《채근담》의 글귀처럼 이제 정말 한동안 걱정하던 환경 미화가 끝났고 좀 홀가분해졌다는 것을 실감할 수 있었다.

이제 동호 문제를 해결할 차례였다. 연두는 학교에서 호시탐탐 기회를 찾았지만 틈만 나면 축구하기 바쁜 동호와 따로 얘기하기가 쉽지 않았다. 참다못한 연두는 학교가 끝나고 동호를 뒤따라가기로 했다.

동호가 친구들과 헤어지고 혼자 축구공을 튕기며 걸어가는 모습을 보자 연두는 달려가 다짜고짜 동호가 메고 있는 가방을 잡아끌었다.

"아얏, 정연두! 이게 무슨 짓이야?"

"조용히 좀 따라와 봐."

심각한 연두의 표정에 놀랐는지 동호는 순순히 따라왔다.

"무슨 일인데 그래? 이거 좀 놓고 말해."

주위에서 아이들이 무슨 일인가 쳐다보았다. 연두는 다시 동호의 가방을 잡아끌며 학교 운동장 구석 등나무 쪽으로 향했다.

"야, 정연두. 너 힘 엄청 세구나?"

"일단 좀 와라, 응?"

"알았어, 알았어. 따라가면 될 거 아냐?"

등나무에 도착한 연두는 동호를 노려봤다.

"왜?"

"넌 남자도 아냐."

"내가 왜?"

"입이 싼 것도 모자라 비겁하게 교실에 낙서까지 해 놓고 시침 뚝 떼기니?"

"무슨 소리야? 낙서라니?"

화가 난 연두는 휴대 전화를 꺼내 낙서를 보여 줬다.

낙서 사진을 본 동호는 갑자기 웃기 시작했다.

"푸하하하. 진짜 웃긴다. 거봐. 다른 애들도 이렇게 생각하는 거네.

이거 어디서 찍었냐?"

"네가 교실 벽에 쓴 거잖아."

"내가? 나 아냐. 교실 어디?"

어리둥절해하는 표정을 보니 동호는 정말로 그 낙서를 처음 보는 것 같았다.

'동호가 아니라면 누구지?'

연두는 더 화가 났다.

"너 아니면 누구니?"

"난 진짜 아니라니까. 그리고 이게 뭐, 사실인데."

"사실은 뭐가 사실이야!"

화를 내던 연두는 갑자기 동호의 가방을 열어 공책 하나를 꺼냈다.

"야, 너 왜 남의 가방을 뒤져?"

연두는 동호를 밀치며 공책을 폈다. 그러고는 낙서와 글씨체를 비교했다.

동호의 글씨는 성격만큼이나 삐쭉빼쭉 제멋대로였다. 하지만 낙서 글씨는 동글동글 가지런했다.

"아, 글씨체 비교하려고? 거봐, 나랑 다르지? 어떤 애인지 글씨도 잘 쓰네. 야, 이거 하늘이가 쓴 거 아니니?"

동호 말에 연두는 깜짝 놀랐다.

"뭐, 하늘이가?"

"그래, 애들한테 자랑하려고."

"말도 안 돼. 그리고 하늘이가 너처럼 유치한 줄 알아?"

"내가 뭐가 유치한데? 아니면 네가 나 괴롭히려고 쓴 거 아냐?"

"뭐? 내가 미쳤니? 너 정말 제정신이 아니구나?"

"쳇, 나는 아무 죄도 없는데 깡패처럼 끌고 오고, 제정신이 아닌 건 오히려 너야."

"최동호! 내가 너를 왜 의심했는지 생각해 봐. 그리고 잘 들어. 너 같은 애한테 딱 어울리는 글이 있어."

자신을 반성하는 사람은 마주치는 일마다 수행에 도움이 되고,
남을 원망하는 사람은 행동과 생각마다
다 스스로를 해치는 무기가 된다.

반성은 모든 선함으로 나가는 길이지만,
원망은 모든 악의 근원이니
이 둘의 거리는 하늘과 땅 사이다.

할아버지에게 들은 《채근담》 글귀를 동호에게 이야기하자 동호가 처음에는 이상한 표정을 짓더니 갑자기 미친 듯이 웃기 시작했다.

"야! 정연두, 너 사극 찍냐? 진짜 웃긴다. 푸하하하!"

배를 잡고 정신없이 웃어 대는 동호를 보자 연두는 어이가 없었다.

"널 위해 해 주는 말이니 고마운 줄 알고 잘 기억해!"

연두는 뒤도 돌아보지 않고 교문으로 향했지만 동호의 웃음소리는 계속되었다.

"원망이 악의 근원이라고? 진짜 웃긴다. 초록이 동생 연두는 너무 웃겨. 푸하하하."

동호는 계속해서 '초록이 동생 연두'라고 놀렸다. 동호가 놀릴 때면 아이들도 따라 웃었다. 연두는 너무 화가 나 동호를 상대도 안 했다. 그러면서도 동호가 한 말이 신경 쓰였다. 진짜 하늘이가 낙서를 한 것일까? 왜? 하늘이가 아니라면 누구일까?

김밥의 맛

봄 소풍날이었다.

새벽부터 김밥을 싼다고 법석을 떠는 엄마 덕분에 온 식구가 일찍 일어났다.

"허허, 연두 덕분에 김밥도 먹고 할아버지가 호강하는구나."

"아, 아빠도 연두 공주 따라 소풍 가고 싶다."

"우리 연두 김밥이 반에서 제일 맛있을 거야. 두고 보렴. 호호호."

온 가족이 김밥을 앞에 두고 모처럼 즐거운 시간을 보냈다. 하지만 연두의 기분은 별로였다. 엄마라고 모두 요리를 잘하는 건 아니지만 특히 연두 엄마는 음식 솜씨가 없다. 아빠 말로는 간이 잘 안 맞는단다. 김밥만 해도 그렇다. 연두가 좋아하는 햄, 맛살도 들어 있는데 희한하게 맛이 없다. 뭔가 조화가 안 된 맛이랄까? 하나둘 집어먹던 할아버지도 맛이 별로인지 슬쩍 젓가락을 내려놓더니 한마디 했다.

기름지거나 맵고 단 것은 올바른 맛이 아니니,
참맛은 오직 담담할 뿐이다.
신기하고 특이한 재주가 있다고 해서 훌륭한 사람은 아니니,
참된 덕을 가진 사람은 오히려 평범할 뿐이다.

"할아버지, 이건 담담한 게 아니라 맛이 없는 거라고요."
연두가 끼어들었다.
"너무 맛있는 것만 찾지 말라는 말이다. 새벽부터 준비한 엄마의 정성을 생각해야지."
할아버지는 아빠보다 더 엄마 편인데 더 이상 말해서 뭘 할까. 연두는 늦었다는 핑계로 후다닥 도시락 통을 집어 들고 학교로 향했다.
소풍 장소는 학교에서 멀지 않은 동물원이었다. 동물을 구경하고 친구들과 모여 앉아 도시락을 먹었다. 친구들 중에서는 민희의 김밥이 제

일 맛있었다.

"민희야, 너희 엄마 음식 솜씨 짱이다. 김밥이 진짜 맛있어. 너무 부러워."

하지만 민희는 엄마가 공부 잘하는 오빠만 챙긴다며 오히려 투덜거렸다. 연두는 민희가 욕심이 많다고 생각했다. 이 정도로 맛있는 김밥을 먹을 수 있으면 됐지 뭘 더 바라나.

오후에는 보물찾기와 장기 자랑이 있었다. 별로 기대하지 않은 소풍이었는데 장기 자랑 덕분에 너무 즐거웠다. 그리고 그 중심에는 주은이가 있었다. 평소에도 가수와 노래를 좋아하던 주은이는 봄 소풍의 스타였다. 연두는 주은이가 흥얼거리는 노래는 가끔 들었지만 그렇게 춤을 잘 추는지 처음 알았다. 반 아이들 모두 깜짝 놀랐다. 앙코르를 몇 번이나 외쳤는지 모르겠다. 주은이는 텔레비전에 나오는 가수들과 똑같이 춤추고 노래했다. 아니, 연두 눈에는 오히려 더 잘 추는 것처럼 보였다. 알고 보니 주은이는 엄청난 아이였다.

새로운 취미

"와! 대박, 대박. 주은아, 도대체 어떻게 하면 그렇게 춤을 잘 출 수 있니?"

"맞아. 진짜 부럽다."

소풍에서 돌아오며 아이들의 관심은 온통 주은이였다.

"응. 언니에게 배웠어. 우리 언니는 중학생인데 초등학교 4학년 때부터 댄스 동아리에 들어가 춤을 배웠거든."

민희와 연두는 소풍이 끝나고 집에 가는 대신 주은이에게 학교 운동장에서 춤을 배우기로 했다.

"아니, 그렇게 말고. 이렇게 해봐. 이렇게."

주은이는 춤을 가르쳐 주며 여러 번 한숨을 쉬었다.

"이건 가장 기초적인 동작인데…… 이게 안 된다고?"

"흑, 나 정말 몸치인가 봐. 진짜 안 돼."

연두가 울상을 지었다. 민희는 음악에 맞춰 제법 따라 했다. 하지만 연두는 팔과 다리가 따로 움직였고 그 모습을 보며 민희와 주은이는 정신없이 웃었다. 하여튼 연두에게는 봄 소풍은 기억에 남는 하루였다.

그날 이후로도 연두와 민희는 주은이에게 종종 춤을 배웠다. 주은이도 이제 쉬는 시간이면 옆 반으로 친구를 만나러 가기보다 민희나 연두와 종알종알 수다를 떨며 보냈다. 그동안 연두가 민희와만 친해 섭섭했던 모양이었다. 주은이가 옆 반으로 놀러간 것도 사실은 마음 터놓고 이야기할 친구가 없어서라는 사실을 짐작할 수 있었다. 주은이에게 미안해진 연두는 그동안 밀렸던 관심과 우정을 주은이에게 듬뿍 쏟았다.

세 명은 춤추는 재미에 푹 빠졌다. 쉬는 시간이나 점심시간에는 운동장 등나무 아래서 춤을 추었고 그걸로도 부족해 수업을 마치면 주은이네 집에서 춤을 배웠다. 어떤 날은 노래방까지 가서 연습하는 날도 있었다. 집에서는 예전에 잘 보지 않던 음악 프로그램을 찾아보며 춤을 따라 했다. 그 모습을 식구들은 처음에는 신기해하고 잘한다고 칭찬했지만 시간이 지나면서는 걱정스러운 목소리가 많아졌다.

"연두야. 너 언제까지 그렇게 춤만 출 거니? 책도 읽고 공부도 좀 해야 하지 않겠어?"

엄마의 목소리가 심상치 않았다.

"아이, 이 노래까지만 연습하고요."

"그래. 너 어젯밤에도 늦게까지 음악 듣는 것 같던데."

아빠도 한마디 거들었다. 할아버지마저 걱정스럽게 바라보았다.

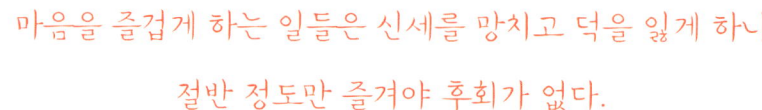

입에 맛있는 음식은 모두 몸을 상하게 하는 독약이니
반 정도만 먹고 남겨야 탈이 없고,
마음을 즐겁게 하는 일들은 신세를 망치고 덕을 잃게 하니
절반 정도만 즐겨야 후회가 없다.

하지만 한창 노래와 춤 속에 빠져 하루하루가 즐거운 연두는 할아버지 말이 마음에 들지 않았다.

"말도 안 돼요. 마음에 유쾌한 일이 왜 몸을 망쳐요?"

할아버지는 아무 말도 하지 않았다. 연두는 자기 말이 맞기 때문에 할아버지가 아무 말 못하는 거라고 생각했다.

여름,
몸도 마음도 쑥쑥

뒤늦은 깨달음

연두는 점심을 먹자마자 자리에서 일어났다. 주은이에게 춤을 배우기 위해 후다닥 운동장으로 달려 나가려다가 축구공을 들고 나가는 동호와 부딪혔다.

"야, 비켜. 내가 먼저 나갈 거야."

"무슨 소리야? 내가 먼저야."

연두와 동호가 서로 먼저 나가려고 밀치며 싸우고 있는데 저쪽에서 하늘이가 걸어오는 것이 보였다. 책 서너 권을 들고 있는 걸 보면 도서관에서 책을 빌려오는 모양이었다.

연두가 하늘이를 쳐다보는 사이, 동호는 이겼다는 듯 연두 어깨를 탁 때리고는 쌩하니 나가 버렸다. 연두는 동호에게 화를 내려다가 뭔가 이상한 기분이 들었다. 동호와 연두를 바라보는 하늘이의 표정이 엄마가 연두를 야단칠 때 짓는 표정이었기 때문이다. 뒤돌아보니 교실에 남아서 쳐다보는 아이들의 표정도 비슷했다. 아, 이런 상황은 뭐지? 내가 뭘 잘못한 거지?

연두는 마음이 복잡했다. 오늘은 춤을 추는 것도 즐겁지 않았다. 집에 와서도 기분이 풀리지 않자 연두는 오랜만에 할아버지의 방문을 두드렸다. 그리고 그날 있었던 상황을 이야기했다.

"점심시간에 운동장에 나가서 노는 게 잘못된 거예요?"

"그건 아니지. 그런데 한번 생각해 보렴. 요즘 주은이랑 민희랑 춤추는 거 말고 다른 애들하고 이야기를 나눈 적이 얼마나 있니?"

"아…… 그러고 보니 거의 없어요."

"또 운동장 말고 교실 안에서 다른 친구들은 뭐 하는지 살펴본 적은 있어?"

"없어요."

연두는 목소리가 작아졌다.

"마지막으로 하나 더. 네가 이번 학기에 반에서 뭘 맡았다고 했지?"

갑자기 쾅 한 대 얻어맞은 기분이었다. 어딘가로 도망가고 싶기도 했다. 친구들 보기가 너무 창피했다. 부반장이 되어 친구들의 이야기를 많이 듣고 친구들이 원하는 반으로 만들겠다고 말한 게 불과 얼마 전이었다. 요사이 춤추는 즐거움에 빠져 다른 친구들 생각은 하나도 안 한 셈이다. 아이들에게 도움이 되고 좋은 영향을 주지는 못할망정 반 분위기를 흐리는 데 앞장섰다고 생각하자 후회가 밀려왔다.

"휴, 이제 어쩌죠?"

고개를 푹 숙인 연두에게 할아버지는 아직 늦지 않았다며 달랬다.

은혜 속에서 재앙은 싹트는 법이므로
만족스러운 때에 빨리 머리를 돌려 물러서야 한다.
실패한 뒤에 도리어 성공하는 법이므로
일이 뜻대로 안 된다 하여 곧바로 포기하지 마라.

다음날 아침 학교에 온 주은이는 연두가 책가방을 내려놓기도 전에 다가와 휴대 전화를 내밀었다.

"연두야, 오늘 새 노래 다운 받아 왔어. 들어 볼래?"

여느 때 같았으면 다른 친구들은 아랑곳없이 크게 틀어놓고 들었을

텐데 이제는 주변 아이들을 살폈다. 아이들은 책상을 정리하며 수업 준비를 하고 있었다.

"주은아, 나중에 듣자."

연두가 자리에 앉아 책을 꺼내자 주은이는 이상하다는 듯 고개를 갸웃거렸다.

점심시간에도 마찬가지였다. 얼른 나가자는 주은이에게 뭐라고 설명해야 할지 걱정스러웠다. 이제부터라도 부반장 노릇을 잘 해보고 싶다고 하면 이해할까? 부반장이라고 잘난 척한다고 생각하지 않을까? 민희에게는 또 뭐라고 말하지? 머리가 지끈지끈 아파 왔다.

"주은아, 오늘은 너무 머리가 아파. 춤 연습은 다음에 할게."

"그래? 그럼 오늘은 민희랑 그냥 교실에서 놀자."

종례 시간에 선생님은 기말고사 일정을 발표했다. 앞으로 당분간은 춤을 추지 않을 좋은 핑계가 생겼다. 주은이와 민희에게 상처 주지 않아도 될 것 같아 다행스러웠다.

2 × 5

공부는 왜?

연두는 이번 시험에서 성적을 올려야겠다고 마음먹었다. 지난번 중간고사는 대충 넘어갔다. 전학 와서 적응하느라 힘들 거라고 엄마도 별 간섭을 하지 않았다. 하지만 이번에는 다르다. 시험이라도 잘 봐서 부끄럽지 않은 부반장의 모습을 보이고 싶었다.

하지만 한동안 안 하던 공부를 하려니 머리뿐 아니라 몸까지 아픈 것 같았다. 날씨는 점점 더워졌고 책상에 조금만 앉아 있어도 졸음이 몰려왔다.

"할아버지, 너무 더워요. 조금 쉬었다 공부할래요."

"하긴 올해는 이른 더위가 심하구나."

할아버지는 연두 쪽으로 선풍기를 돌려 주며 《채근담》의 한 구절을 들려주었다.

더위를 없앨 수는 없지만 더워서 괴로워하는 마음을 없앤다면
몸이 항상 시원하다고 느낄 수 있다.
가난을 쫓을 수는 없지만
가난해서 근심하는 마음을 쫓아낸다면
마음이 항상 평안해질 수 있다.

"힝, 할아버지. 그러면 공부를 잘하고 싶은 마음을 몰아내고 그냥 욕심 없이 편하게 있으면 되겠네요?"

"하하, 우리 연두가 요령만 생기는구나!"

어린이는 어른의 씨앗이고, 뛰어난 인재는 사대부의 씨앗이다.
따라서 어릴 때 제대로 단련해 두지 않으면
훗날 조정에 나섰을 때 훌륭한 인재가 되기 어렵다.

"할아버지, 사대부가 뭐예요?"

"쉽게 설명하자면 옛날에 공부해서 벼슬을 했던 사람들을 말하는 거란다. 과거에 급제해서 나라를 위해 일하는 사람들이지."

"그럼, 조정은요?"

"벼슬한 사람들과 임금님이 함께 나랏일을 의논하고 결정하는 것을 말하는 거지."

"에이, 저는 어른이 되어도 나랏일 같은 건 하고 싶지 않은데 그래도 공부해야 해요?"

"나라를 위한 일만 중요한 건 아니지. 앞으로 연두 네가 하게 될 모든 일에 공부는 의미가 있어. 옛날에는 사대부도 관리도 모두 남자뿐이었지. 여자는 직업조차 가질 수 없었고. 그러니 공부할 자격도 없다고 생각해서 글도 가르치지 않았단다."

"어휴, 거짓말."

"그 거짓말 같은 세상이 그렇게 오래된 것도 아니란다."

"옛날에는 여자들이 정말 살기 힘들었겠어요."

"그렇지. 그러니 모든 것을 할 수 있는 지금이 얼마나 행복한 시대냐? 네가 어른이 될 때는 더 좋아지겠지. 공부는 그때 네가 하고 싶은 걸 마음껏 하기 위해서 미리 준비하는 거야."

"치, 결국 공부하라는 얘기네요."

연두가 입을 삐죽였다.

"그렇지만 그냥 앉아서 책만 본다고 공부가 아니고 마음 자세가 더 중요하단다."

"마음 자세요?"

학문하는 사람은 정신을 가다듬어 한곳에만 집중해야 한다.
만약 덕을 닦으면서도 마음은 공적과 명예에 가 있다면
반드시 깊은 경지에는 이르지 못한다.
책을 읽으면서도 시나 읊고 풍류를 즐기는 데에만 흥을 느낀다면
바른 마음을 닦지 못한다.

"이것보다 더 무서운 글도 있지."

책을 읽으면서도 성현의 뜻을 알지 못한다면
글씨를 베끼는 필경사에 불과하고,
벼슬자리에 있으면서도 백성을 사랑하지 않는다면
이는 관복을 입은 도둑일 뿐이다.

"관복 입은 도둑이요?"

"그래, 나라 일을 하면서 자기 욕심만 챙기고 백성을 생각하지 않는다면 관복 입은 도둑이고, 회사 다니면서 일하기 싫다고 농땡이 부리면 월급 도둑이 되는 거지."

"아휴, 전 도둑은 싫어요. 어쨌든 어린이는 공부해야 한다는 거죠?"

시무룩해진 얼굴로 연두가 되물었다.

"그래. 모든 일에 다 때가 있는 법이다. 할아버지 나이가 되면 공부를 하고 싶어도 못 해. 눈도 침침하고 기억도 흐릿하고. 오래 앉아 있는 것 자체가 힘들어."

"그럼 누워서 하면 되잖아요."

"누워서 읽기만 하면 뭐하니? 어려운 걸 외우거나 새로운 걸 이해하는 건 더 힘이 들어. 머리도 몸처럼 늙기 때문이지. 연두처럼 머리가 말랑말랑하고 스펀지 같을 때, 뭐든지 쏙쏙 받아들일 때 좋은 공부를 해 두면 평생 든든한 자산이 된단다. 오늘도 마을 회관에서 독서 모임을 했는데 집에 오니 벌써 기억이 가물가물하구나."

"알았어요. 공부할게요. 그전에 밥부터 먹어요. 배고파서 공부를 못 하겠어요, 할아버지."

"그래, 오늘은 고등어라도 구워 먹자."

그러면서 할아버지는 냉장고를 열어 저녁을 차리기 시작했다. 바쁜 엄마와 아빠 때문에 연두의 식사 준비를 할아버지가 해 줄 때가 많았다. 덕분에 연두는 할아버지와 더 친해질 수 있었지만.

나 때문에 부부 싸움

시험 공부를 한다고 연두가 오랜만에 책상에 앉자 엄마, 아빠는 아주 좋아했다. 알아서 공부를 하는 게 기특하다고 칭찬을 하더니 갑자기 학원에 대한 이야기가 나왔다.

"이사 오고 바로 적당한 학원을 알아봤어야 했는데 엄마가 회사 다니느라고 바빠서 못 알아봤네."

"그러게. 아무리 바빠도 애 교육에 신경을 좀 써야지. 학원을 안 다니니 애가 춤만 추고 돌아다니잖아."

"어머? 그게 왜 내 탓이에요? 그리고 요즘 학원비가 얼마나 비싼지나

알아요?"

아빠의 말에 엄마가 발끈하며 어느새 엄마, 아빠는 다투는 상황이 되었다.

"그러면 지금까지 학원비가 없어서 학원을 안 알아봤단 말이야?"

"누가 그렇대요? 그리고 당신이 알아볼 수도 있잖아요. 연두 교육은 나만 신경 써야 하는 문제는 아니죠."

"아니, 뭐라고? 학원비도 못 준다고 지금 날 무시하는 거야?"

결국 듣다 못한 할아버지가 방에서 나왔다.

가정 안에 진짜 부처가 있고, 일상생활 속에 진짜 도가 있다.
사람이 정성스러운 마음, 온화한 기운, 유쾌한 안색,
부드러운 말씨를 통해
부모형제가 화합하고 뜻이 통하게 한다면,
이는 다른 어떤 방식보다도 훨씬 큰 수련 효과가 있다.

할아버지의 훈계에 엄마, 아빠가 조금 누그러졌다.

역경과 곤궁은 호걸을 단련하는 용광로와 같다.

그 단련을 능히 받을 수 있으면 몸과 마음이 모두 발전하지만,

단련을 받지 못한다면 몸과 마음에 모두 손해가 있다.

할아버지는 모두 더 잘되려고 이런 시련도 있는 거라며 어려운 시기를 조금만 참고 견디면 좋은 날이 반드시 올 거라고 말했다. 그 말을 듣자 엄마는 눈물을 흘렸다. 아빠도 눈을 끔뻑이며 큰 숨을 몰아쉬었다.

일이 조금이라도 뜻대로 되지 않거든

나보다 못한 사람을 생각하라.

그러면 원망이 절로 사라진다.

마음이 조금이라도 게을러지거든

나보다 나은 사람을 생각하라.

그러면 정신이 절로 분발된다.

어쨌든 당분간 학원은 안 다녀도 될 모양이다. 연두는 그게 더 마음에 들었다.

기말고사 성적표가 나오는 날.

모처럼 공부를 해보겠다는 의욕이 넘쳤지만 국어 시험을 빼고는 모두

전학 오기 전보다 성적이 떨어졌다. 엄마와 아빠는 크게 실망했다. 덕분에 방학이 되자마자 학원에 다녀야 하는 것이 당연한 수순이 되었다.

결국 부반장으로서 뭔가 모범을 보여 주려던 목표는 성공하지 못했다. 스스로 평가해도 부반장으로서 부족한 점이 많았다. 하지만 우울한 마음도 잠시, 연두는 아쉽기는 해도 좋은 친구들을 사귄 것으로 충분하다고 결론 내렸다. 게다가 드디어 신나는 여름 방학도 시작되니까.

아빠와 함께 공부를

 신나게 놀면서 방학을 보내겠다는 연두의 바람은 오래가지 못했다. 늘어지게 늦잠을 잔 지 며칠 만에 연두는 곧 엄마 손에 이끌려 근처 학원으로 레벨 테스트라는 것을 받으러 갔다. 결과는 엄마에게 더 큰 상처를 주었다. 수학은 연두의 수준이 너무 떨어져 좀 더 공부하고 다니라는 평가를 받았고, 영어는 제일 낮은 레벨 반에 간신히 들어갈 정도였기 때문이다.
 연두의 성적 때문에 집안은 완전 살얼음판이었다. 그까짓 학원 성적이 뭐라고 엄마는 학교에서 시험 망친 것보다 더 걱정을 했다.

"내가 이럴 줄 알았어. 아휴, 어쩜 좋아. 수학은 다닐 만한 학원도 없다니."

"연두가 그렇게 실력이 떨어졌나? 그럼 이제 어쩌지?"

"과외라도 시켜야 하는데 과외비가 한두 푼도 아니고……."

엄마가 한숨을 쉬자 아빠가 나섰다.

"그러면 연두 수학 공부는 내가 맡을게. 나 이래 봬도 가르치는 건 좀 자신 있다고."

"정말? 가능하겠어?"

"그래. 믿어 봐."

"알았어. 당신만 믿을게. 대신 매일 제대로 가르쳐야 해!"

엄마가 신신당부했다.

연두는 영어 학원도 다니고 싶지 않았지만 제일 낮은 레벨 반도 안 다니다간 학교에서 꼴찌가 될 거라는 엄마의 협박에 어쩔 수가 없었다.

영어 학원에는 같은 반에 주은이가 다니고 있었다. 그리고 놀라운 소식을 들었다. 영어 학원에서 레벨이 제일 높은 반에 말썽꾸러기 반장 최동호가 있다는 것. 주은이에게 그 소식을 들은 연두는 창피해서 죽을 맛이었다. 집에 와서 영어 학원 안 가겠다고 했다가 엄마에게 야단만 맞았다.

그 뒤로 영어 학원에 갈 때면 혹시 동호를 만날까 봐 일부러 화장실도 안 가고 교실 밖으로는 한 번도 안 나오고 있다가 수업이 끝나면 잽싸게 집으로 오곤 했다.

하지만 방학 내내 그렇게 할 수는 없었다. 결국 복도에서 동호와 딱 마주쳤다. 연두는 동호가 또 이상한 말을 하며 놀릴까 봐 긴장하고 있었는데 동호는 뜻밖에도 반가워했다.

"정연두! 너도 여기 다녀? 언제부터 다녔는데? 왜 여태 못 봤지? 어느 반이야?"

이것저것 묻는 동호에게 연두는 아무 대답도 할 수 없었다.

"난 나중에 축구 경기 보러 영국에 꼭 갈 거야. 그래서 영어 학원만 열심히 다니고 있어."

씩씩하게 말하는 동호의 얘기를 듣자 동호가 다시 보였다. 장난꾸러기, 말썽꾸러기라고만 생각했는데 동호는 남다른 꿈을 가지고 있었다.

"그, 그랬구나. 난 학원 다닌 지 얼마 안 돼."

"그럴 줄 알았어. 넌 왠지 학원보다 서당이 더 어울리는걸? 푸하하하, 하여간 반갑다."

손을 흔들며 자기 반으로 들어가는 동호가 처음으로 괜찮아 보였다. 자신의 꿈을 향해 노력하는 모습은 다 멋진 것 같다.

동호를 다시 봤다고 몇 번이나 말하는 연두에게 할아버지는 이렇게 말했다.

> 세상을 살아갈 때는 한 발짝 양보하는 것이 높게 되고
> 한 걸음 물러남은 곧 스스로 전진하는 토대가 된다.
> 사람을 대할 때는 작은 관대함이 복이 되고,
> 남을 이롭게 하는 것이 실로 자기를 이롭게 하는 근거가 된다.

시간이 지나면서 연두도 영어에 서서히 흥미가 생겼다. 하지만 수학은 계속 문제였다. 아빠에게 배우는 수학은 아빠나 연두 둘 다 힘들게 했다. 연두의 수학 실력을 알게 된 아빠는 좌절했고, 그 때문에 연두는 상처를 받았다. 연두는 아빠 앞에서 자꾸 계산이 틀릴 때면 울고 싶기만 했다.

결국 아빠는 수학 공부보다 연두와 친해지는 게 먼저라는 결론을 내렸다. 그동안 회사를 핑계로 연두와 제대로 대화를 나눌 기회가 없었고 숙제 한번 도와준 적도 없었는데 갑자기 공부를 가르치려니 힘든 게 당연했다.

"연두야, 오늘은 수학 공부 대신 동네 구경이나 갈까?"

"정말요? 저야 좋지요!"

아빠와 단둘이 걷는 것은 이사 오고 처음이었다. 동네에 있는 작은 둑길을 따라 걸으며 아빠는 연두에게 친구 얘기, 학교 얘기, 학원 얘기들을 물었다. 수학 공부보다 동네 구경이 훨씬 좋았던 연두는 그중에서도 친구들 얘기를 쉴 새 없이 종알거렸다. 아빠는 처음으로 연두 친구들의 이름을 알게 되었다. 그렇게 집으로 돌아오자 피곤이 몰려왔다.

"아빠, 오랜만에 걸었더니 너무 피곤해요. 오늘은 그냥 공부 안 하고 자면 안 될까요?"

연두의 말에 아빠는 뜻밖에도 선선히 허락했다. 그러자 엄마는 잔소리를 시작했다.

"뭐예요? 그냥 자라고 하면 어떡해요. 자고로 공부는 꾸준히 하는 게 중요하다고요."

"기다려 봐. 내가 올해가 가기 전에 연두를 수학 박사로 만들 테니."

"뭐라고요? 연두 성적을 몰라서 그래요? 도대체 그런 말도 안 되는 자신감은 어디서 나오는 건지……."

두 사람이 더 투닥거리기 전에 할아버지가 끼어들었다.

"나도 연두 애비가 어릴 적에는 회사 다니느라 바빠서 제대로 놀아 줘 본 적이 없다. 연두 애비에게는 《채근담》도 못 읽어 줬지. 세월이 지나고 보니 그런 것들이 다 후회가 되는구나."

할아버지의 말에 엄마는 아빠에게 눈을 흘기면서도 더 이상 공부하라는 말은 안 했다. 연두는 모처럼 기분 좋은 잠에 빠져들었다.

그 뒤로 연두는 주중에 한 번, 주말에 한 번 아빠와 수학 공부를 했다. 수학 공부하는 날은 엄마도 일찍 퇴근했다. 덕분에 할아버지까지 온 식구가 모여 앉아 저녁을 먹을 수 있었다. 물론 맛보다는 정성 가득한 엄마표 저녁이지만 모두들 좋아했다.

수학은 우선 1학기 내용을 복습하고 나서 2학기 예습을 하기로 했다. 복습을 하려니 지겹기는 했지만 부쩍 가까워진 아빠와 함께 문제를 풀면서, 모르고 지나갔던 개념을 확실히 이해할 수 있었다. 처음과 달리 아빠도 연두의 눈높이에서 차근차근 가르쳤기 때문에 복습을 다 마쳤을 때는 수학에 어느 정도 자신감이 생겼다.

그사이 방학은 휘리릭 지나가고 있었다. 연두는 방학 동안 못 만난 민희가 보고 싶었다. 오랜만에 민희에게 전화를 걸자 같은 생각이었는지 집으로 놀러 오라고 했다. 주은이네 집에서는 자주 춤 연습을 했는데 민희네 집은 처음이었다.

부자 친구가 부러워

 영어 학원이 끝날 무렵 민희가 데리러 왔다. 반가운 마음에 연두와 주은이는 팔짝팔짝 뛰었다. 민희네 집까지 가는 동안에도 쉴 새 없이 떠들었다. 민희는 학원을 다니지 않고 집에서 과외로 공부했다고 했다. 연두는 아빠에게 배워 수학이 조금 쉬워졌다고 자랑했다.
 민희네 집은 연두네 집을 지나 큰길 건너편에 있는 아파트였다. 그중에서도 제일 높고 새로 지은 아파트. 민희네 집에 들어선 연두는 입을 쩍 벌린 채 할 말을 잃었다. 민희네가 그렇게 부자인지 몰랐기 때문이다. 반들반들하고 커다란 거실을 따라 몇 개의 방문이 보였다. 민희가 자기 방으로 안내했다. 민희 혼자 쓰는 방이었다. 주은이는 언니와 방을 같이 쓰고 있어서 혼자 쓰는 민희의 넓은 방을 보고 무척이나 부러워했다.

"이쪽도 내 방이야."

민희의 방은 두 개였다! 방 하나에는 피아노와 책이 가득했고 다른 방에는 공주가 누워 잘 법한 침대가 놓여 있었다. 연두는 민희가 너무 부러웠다.

그때 민희 엄마가 들어왔다. 레이스가 많이 달린 원피스를 입은 민희 엄마는 민희만큼이나 예뻤다. 민희 엄마가 가져온 과일은 연두네 집에서는 구경할 수 없는 것들이었다. 아이스크림이 놓인 그릇도 무척이나 독특했다.

"아하, 네가 연두고, 네가 주은이지? 그동안 민희에게 이야기 많이 들었어. 많이 먹고 많이 놀다 가렴. 아참, 그런데 민희 오빠가 지금 시험공부 중이라서…… 너무 크게 떠들지만 않으면 오케이."

이렇게 말한 민희 엄마는 환하게 웃으며 방을 나갔다.

"역시 우리 엄마는 오빠밖에 모른다니깐."

셋은 오랜만에 긴 수다를 떨었다. 아이돌 얘기부터 여행 다녀온 이야기, 공부 때문에 괴로운 마음까지…… 어느덧 창밖으로 어둠이 내려앉았다. 민희가 저녁까지 먹고 가라고 권했지만 연두와 주은이는 아쉬운 이별을 했다.

집으로 돌아온 연두는 할아버지에게 민희가 너무 부럽다고 말했다.

"그러냐? 하지만 그런 건 하나도 부러워할 게 아니란다. 《채근담》에는 이런 글귀가 있지."

잔치가 많은 곳은 좋은 집이 아니고
명성을 탐내는 사람은 훌륭한 선비가 아니고
벼슬자리를 밝히는 사람은 좋은 신하가 아니다.

사람들은 명예와 지위가 즐거움인 줄만 알고,
이름 없고 지위 없는 즐거움이 참 즐거움인 줄은 모른다.
또 사람들은 춥고 배고픔이 근심인 줄만 알고
춥고 주리지 않음이 더 큰 근심임을 모른다.

연두는 고개를 저었다.

"할아버지, 민희 아빠가 열심히 돈을 벌어서 좋은 집을 가진 건데 그게 왜 잘못된 거죠?"

벼슬이 너무 높아지면 위태롭고,
잘하는 일이라고 하여 끝까지 하다 보면 밑천이 드러나며,
지나치게 고결한 척 하다 보면
비난을 당하고 방해를 받게 된다.

"할아버지, 저는 우리 아빠가 비난과 헐뜯음을 당하더라도 높은 자리에 오르고 부자가 됐으면 좋겠어요. 아빠가 안 되면 저라도 그렇게 되고 싶은걸요."

할아버지는 정말 걱정스러운 얼굴로 연두를 바라보며 거듭 글귀를 읽어 주었다.

덕을 기르고 도를 닦을 때는
나무나 돌처럼 욕심 없이 굳은 마음을 지녀야 한다.
만약 부귀를 부러워하는 마음이 일어나면
곧 욕망 속에 빠지게 될 것이다.

세상을 다스림에 있어서는
구름과 물처럼 담백한 뜻을 가져야 한다.

만약 조금이라도 탐욕과 집착을 갖게 된다면
곧 위험한 지경에 떨어지게 될 것이다.

사람이 한 번이라도 사사로운 욕심을 갖게 되면,
강직함은 사라지고, 지혜는 막혀 어두워지며,
어진 마음은 가혹해지고,
깨끗한 마음도 더러워져 일생의 인품이 파멸한다.
그리하여 옛사람들은 탐욕이 없음을 귀하게 여겼다.
이것이 세상을 잘 살아가는 방법이다.

연두는 여전히 알 듯 말 듯 했다. 할아버지가 뭘 걱정하는지 알 것 같으면서도 《채근담》에서 말하는 것처럼 살고 싶지는 않았다. 민희네 집처럼 크고 화려한 집에서 돈 걱정 없이 살고 싶었다. 그래서 엄마가 하루 종일 회사에 나가 일하지 않고, 돈 문제로 아빠와 부부 싸움도 하지 않았으면 좋겠다고 말이다. 아직 어려서 무엇이 중요한지를 모르는 것일까?

다음날 아빠와 수학 공부를 하는 시간이었다.

"아빠, 저는 대통령처럼 높은 사람이 되기 위해 공부를 하고 싶지는 않지만 빨리 부자가 되기 위해서라면 공부를 할 수도 있겠어요."

"그게 무슨 소리냐?"

"빨리 수학 가르쳐 주세요, 매일매일 공부할게요, 아빠."

"아이고 어쩌냐? 이번 주는 우리 가족 여름휴가 갈 건데."

"야호! 진짜? 우리 어디로 가는 거예요? 제주도? 혹시 해외?"

매일 공부하겠다는 말을 5분도 안 되어 잊은 채 한껏 들뜬 연두가 아빠에게 매달려 물었다.

"어디긴. 외할머니 댁이지."

"헐!"

그러면 그렇지. 좀 더 멋진 곳이 아니어서 실망스럽기는 했지만 모처럼의 가족 여행은 떠나는 것만으로도 기분이 좋았다.

자연은 언제나 스승

 외할머니 댁은 강원도 산골짜기에 있다. 고속도로를 나와서도 꼬불꼬불 좁은 길을 한참이나 올라가야 한다. 외할머니는 오랜만에 연두를 보자 무척이나 반가워했다. 엄마와도 모처럼 만나서인지 부엌에서도, 뒷마당에서도 도란도란 이야기가 끊이지 않았다.
 외할머니가 직접 키운 채소 반찬이 가득한 식사를 마치고 연두네 가족은 외할머니가 농사짓는 밭으로 함께 일하러 갔다.
 "와, 이게 다 할머니 거예요?"
 "그럼, 이 할미가 농사짓는 땅이지."

"할머니 되게 부자네요. 민희네보다 더 부자인가 봐요."

"그럼! 마음은 엄청 부자지. 민희네랑 어떻게 비교를 하니?"

엄마가 더 큰 소리로 대답했다.

할머니 밭에서 참외랑 오이를 따며 연두는 기분이 좋아졌다.

"저기 보이는 높은 산들을 봐라. 할미는 맨날 저 산을 보고 산다. 얼마나 마음이 넓어지는지 몰라. 개울은 또 어떻고. 저것도 할머니네 마당을 지나가잖니? 이런 산과 들을 보고 살다 보면 서울 가서는 답답해서 하루도 못 산다."

"맞아요, 할머니. 여기는 그림에 나오는 곳 같아요."

"그래, 언제든 놀러 와. 여기서는 누가 뭐라는 사람 하나도 없어. 할미는 큰소리 떵떵 치며 산다."

연두가 손뼉을 치며 좋아하자 아빠와 엄마도 서로 눈을 찡긋거렸다.

외할머니 집에서 지내는 하루하루는 즐거웠다. 산속 마을은 에어컨도 필요 없이 시원했다. 낮에는 개울가에서 수영하고 놀다가 들어와 옥수수를 쪄 먹고 툇마루에서 낮잠을 잤고, 저녁에는 마당에서 고기를 구워 먹으며 붉은 저녁노을을 구경했다. 산과 들로 마음껏 뛰어다녀 땀은 많이 흘리고 피부도 까매졌지만 그저 즐겁기만 했다.

해가 지면 캄캄하고 고요한 산속에서는 아무 생각도 나지 않았다. 그

저 자리에 누우면 곧바로 잠에 빠졌다. 연두는 맨날맨날 이렇게 살고 싶었다.

"엄마, 할머니도 혼자 사시는데 엄마가 밥 해 드리러 와야 하는 거 아니야?"

연두가 이렇게 묻자 엄마와 아빠는 말없이 갑자기 고개를 돌려 먼 산을 바라보았다.

"이 할미는 혼자가 좋아. 너희는 넓은 데서 일도 하고 공부도 해야지. 그런 걱정 하지도 마라, 연두야."

할머니는 괜찮다고 했지만 연두는 걱정스러웠다.

"할머니, 혹시 편찮으시면 꼭 연락하세요. 제가 엄마 데리고 빨리 올게요."

"아이고, 우리 연두! 말만 들어도 할미는 힘이 난다. 걱정 말고 연두는 어서어서 자라서 훌륭한 사람이 되어야지."

할머니 품에서 이런 얘기를 나누자 연두는 부자가 되는 것보다 빨리 어른이 되고 싶었다. 할머니가 바라는 훌륭한 사람이 어떤 사람인지는 모르겠지만 어쨌든 좋은 사람이 되라는 뜻일 것이다. 할아버지가 말하던 군자나 선비 같은 사람일지도 모르겠고, 할머니네 집 근처에서 바라본 깊은 산 같고 커다란 바위 같은 사람일지도 모르겠다. 어쨌든 그렇게 어른이 되면 엄마랑 아빠는 할아버지와 같이 살고, 연두는 외할머니랑 산 구경을 하며 살아도 재밌을 것 같았다.

며칠 더 있고 싶었지만 집으로 돌아가야 할 시간이었다. 할머니는 손수 기른 채소며 과일을 이것저것 잔뜩 싸 주었다. 할머니를 혼자 두고 떠나려니 연두는 왠지 미안했다.

"이번 겨울 방학에는 더 오래 머물자꾸나."

연두의 마음을 눈치챘는지 아빠가 이렇게 말했다.

연두는 마당에 서 있는 할머니가 보이지 않을 때까지 창밖으로 손을 흔들었다.

집에 돌아오자 할아버지가 반갑게 맞아 주었다.

"재미있게 지냈니? 외할머니는 건강하시든?"

"네. 할머니는 도시보다 시골이 좋대요. 그리고 혼자 사시는 게 더 좋으시대요."

연두가 대답하자 할아버지는 미소를 지었다.

"그쪽은 경치가 좋은데, 산 구경도 많이 했니?"

"네, 산이 어마어마하게 높더라고요. 주변이 온통 다 산이었어요. 산이 너무너무 커서 사람은 요만한 개미 같았어요."

연두는 신나서 외할머니네 집 주변 풍경을 설명했다.

"그래, 자연을 벗삼는 것만큼 좋은 취미도 없지."

높은 벼슬자리에 있을지라도
자연을 즐기는 취미가 없어서는 안 되고,
자연에 묻혀 있을지라도
반드시 천하를 다스릴 지식과 포부를 품어야 한다.

가을, 열매 맺기

자랑보다 반성

날씨는 아직 뜨겁지만 아침, 저녁으로는 제법 선선함이 느껴졌다. 어느덧 개학이었다.

개학날의 교실은 어느 때보다 시끄러웠다. 반 아이들은 다들 어떻게 방학을 보냈는지 이야기하느라 정신이 없었다.

"가족들과 일본에 다녀왔어. 료칸에서 목욕도 하고, 후지산도 봤지. 연두야, 넌 어디 갔었어?"

민희가 해외여행을 다녀왔다고 자랑하며 물었다.

"난 시골 외할머니 댁에 갔었어. 산으로 둘러싸인 곳에서 감자도 캐고, 참외도 땄지. 에어컨이 없어도 시원하더라."

"어머, 그러면 《알프스 소녀 하이디》에 나오는 집 같았겠다!"

주은이가 박수를 치며 좋아했다.

"맞아! 툇마루에 누워서 먹는 옥수수 맛이 짱이었어!"

"와, 나도 한번 가 보고 싶다. 우리 친척 중에는 시골에 사는 사람이 없거든."

민희가 부러워했다.

"그래. 우리가 모두 대학생이 되면 꼭 같이 가자. 약속!"

세 사람은 새끼손가락을 걸고 약속했다.

며칠 뒤에는 2학기 반장 선거가 있었다. 연두는 하늘이를 반장으로 추천했다. 하늘이라면 반 아이들을 위해 분명 모범을 보일 것이다. 다들 하늘이에게 관심이 없는 줄 알았지만 투표에서 압도적으로 하늘이가 반장으로 뽑혔다. 연두는 비로소 마음의 빚을 덜어 낸 느낌이었다.

부반장은 주은이의 추천으로 민희가 뽑혔다. 교탁 앞에서 당선 소감을 발표하는 하늘이와 민희를 보자, 2학기에 대한 기대가 커졌다. 하지만 한편으로는 살짝 질투가 나기도 했다. 연두는 온통 축구에만 정신이 팔려 있던 동호 때문에 이런저런 고생을 했는데 희생정신이 강한 하늘이와 같이 일하는 민희는 얼마나 편할까 하고 말이다.

'아참, 난 왜 이렇게 못된 생각만 하는 거지? 두 사람이 1학기 때보다 훨씬 나은 반을 만들면 좋은 것 아냐?'

연두는 자신의 머리를 콩 하고 쥐었다.

할아버지는 연두의 그런 마음이 꼭 나쁜 것은 아니라며 달래 주었다.

"반성하는 마음이 있다면 그걸로 된 거란다."

남의 잘못은 마땅히 용서하되 나의 잘못은 용서하지 말고,
나의 어려움은 마땅히 참되 남의 어려움은 참지 말라.

세상을 뒤덮을 큰 공로도 자랑 하나로 사라지고,
하늘을 가득 채울 큰 잘못도
뉘우침 하나로 용서받을 수 있다.

질투가 먼저였지만 반성의 마음이 전혀 없었던 건 아니었다. 그렇게 생각하자 마음이 가벼워졌다.

민희가 부반장이 되어서인지, 연두가 공부에 흥미를 느끼게 되어서인지 2학기가 시작되고 나서는 함께 모여 춤을 추는 일이 부쩍 줄었다. 아무래도 연두는 춤에 소질이 없었다. 특히 아이돌 언니들의 춤은 영

따라 하기 어려웠다. 섹시함을 강조하는 동작이 적응이 안 되었다. 춤을 춘다면 아이돌 오빠들의 춤이 더 좋았다. 허리를 흔드는 것보다는 각이 있고 씩씩한 춤이 더 잘 맞았다.

오해하지 마

춤 배우는 걸 그만두어야 할지 고민하던 연두는 민희에게 속마음을 털어놓았다.

"어머, 너도 그래? 사실 나도 요즘 춤추는 게 별로야. 나는 운동이 더 좋은 것 같아."

"그러면 우리 주은이에게 다른 춤을 추자고 말해 볼까?"

하지만 민희가 말을 꺼내자마자 주은이는 벌컥 화를 냈다.

"뭐? 너희는 그동안 하기 싫은 거 억지로 한 거였어?"

"아니, 그게 아니고."

하지만 주은이는 끝까지 듣지도 않은 채 화가 나서 가 버렸다. 쫓아가며 불러도 대답하지 않았다. 민희가 전화를 걸었지만 받지 않았다.

"뭐야, 이렇게까지 화낼 건 없잖아. 우리가 못 할 말 한 것도 아니고. 갑자기 내가 더 화가 나는걸?"

민희까지 투덜거렸다.

연두는 오해를 풀고 다시 셋이 친하게 지내려고 노력했지만 쉽지 않았다. 말을 걸어도 주은이는 "응.", "아니." 말고는 대답하지 않았다. 그러면서 여태 아무런 말도 없다가 춤이 섹시해서 싫다는 게 이해가 안 가고, 민희가 부반장이 됐다고 잘난 척하는 거라는 내용의 휴대 전화 문자만 보내왔다.

문자를 보고 화가 난 민희는 태권도 학원을 등록해 버렸다. 공주 방에서 자는 것도 지겹다며 뭔가 힘 있는 여자가 되고 싶단다. 그러면서 연두에게 같이 태권도를 배우자고 했다.

"너 나랑 태권도 안 배우고 주은이랑 춤추면 우리 이제 친구 아니야!"

민희는 이렇게 말했다.

"난 민희랑 절대 화해 안 해. 너 나랑 계속 춤출 거지?"

주은이는 또 이렇게 말했다.

연두는 괴로웠다. 주은이랑 춤을 출 수도, 민희와 태권도를 할 수도

없었다.

친구들 문제로 한숨을 쉬었더니 할아버지는 원래 중용이 제일 어려운 일이라며 도움이 될 만한 글귀를 들려주었다.

> 세상을 살아갈 때는 마땅히 세속과 같게 하지도 말고,
> 또한 다르게 하지도 말라.
>
> 일을 행할 때는 마땅히 남이 싫어하는 일을 하지도 말고,
> 지나치게 좋아하는 일을 하지도 말라.

중용은 모자라지도 넘치지도 않게 올바르게 중간인 상태라고 한다. 친구 관계에서 중용은 정말 어렵다. 연두는 민희도 좋고 주은이도 좋았지만 둘의 사이가 나빠지자 학교 가는 게 괴로울 정도였다. 그런데도 주은이와 민희는 조금도 양보를 하지 않았다.

피아노가 재밌네

　주은이는 춤이 좋아서 포기를 못 하겠다는 거였고, 민희는 그 시간에 차라리 운동을 하겠다는 거였다. 연두는 간절하게 하고 싶은 것도 배우고 싶은 것도 없었다. 잘하는 것은 더더욱 없었다. 그래서 더 친구들을 쫓아다니기만 하는 것 같았다.
　말썽꾸러기 동호도 축구를 엄청 좋아하고 축구를 위해 영어까지 공부한다. 하늘이는 그림을 좋아하고 잘 그린다. 연두는 자기만 공부도 못하고 운동도 못하고 제대로 잘하는 게 하나 없는 그저 그런 아이라는 생각이 들자 우울해졌다.

"너무 실망할 건 없다. 그런 생각을 했다는 것이 비로소 네가 뭘 진짜 좋아하는지 찾아가는 첫걸음이니까. 급하게 서둘지 말고 차근차근 찾아보자꾸나."

할아버지는 힘들어하는 연두를 위로해 주었다.

총명한 척하기보다는 순박함을 지킴으로써
천지에 정기를 더하고,
화려함보다는 담박함을 지킴으로써
세상에 깨끗한 이름을 남겨라.

할아버지는 연두가 늘 밝고 긍정적이고 다른 사람을 걱정하는 마음이 많은 게 장점이라고 했다. 그런 장점이 공부를 잘하고 춤을 잘 추고 그림을 잘 그리는 것보다 훨씬 좋은 거라고 말이다. 하지만 지금은 그 말이 연두에게 별 위로가 되지 않았다.

세상을 살아가면서 성공만 있기를 바라지 말라.
잘못을 저지르지 않았으면 그것이 바로 성공이다.

> 다른 사람에게 베풀 때는 감사 받기를 바라지 말라.
> 원망이 없으면 그것이 바로 감사다.

　잘하는 것도 없고 칭찬받는 것도 없이 착하기만 하면 좋은 것일까? 하기 싫은 공부를 하느라 고생하는 것도 싫지만 아무것도 안 하고 어디에도 쓸모없는 사람이 되는 것은 더 싫었다.
　민희와 주은이랑 셋에서 종알종알 수다 떨며 집에 오던 길을 연두 혼자서 터덜터덜 걷자 마음이 쓸쓸하기만 했다. 그런데 그때 자전거 한 대가 연두 앞을 휙 지나갔다. 석우였다. 석우는 옆에 있던 피아노 학원으로 들어갔다. 연두는 깜짝 놀랐다.
　'저기에 피아노 학원이 있었나? 석우는 언제부터 피아노 학원을 다닌 거였지?'
　늘 셋에서 떠들며 다니느라 주변은 아랑곳하지 않았는데 혼자 걷다 보니 그동안 보지 못했던 여러 가지가 보였다. 피아노 학원에서는 누군가 연주하는 피아노 소리가 흘러나오고 있었다. 곱고 아름다운 소리를 들으며 연두는 흥얼거렸다.
　'맞아. 그러고 보니 내가 좋아한 것은 춤이 아니라 춤을 추게 만드는 노래였어. 춤보다는 음악을 좋아했던 거야.'

새로운 깨달음이었다. 춤을 배우면서도 재미는 있었지만 뭔가 아쉬웠던 이유를 찾아낸 것이다. 연두는 피아노 연주를 들으며 그 자리에 한참을 서 있었다.

"엄마, 아빠, 나 영어 학원 대신 피아노 학원 다니고 싶어요."

"무슨 소리야. 영어는 시험을 보지만 피아노는 시험을 보지 않잖아. 말도 안 되는 소리 하지 마."

엄마는 이유도 듣지 않은 채 반대부터 했다. 하지만 이번에도 아빠가 구원 투수로 나서 주었다.

"연두야, 영어도 아빠한테 배우고 대신 피아노 학원 다닐래? 연두가 음악을 좋아하잖아."

"당신은 다짜고짜 연두 편만 들지 말고 현실적으로 생각 좀 해요."

"연두는 아직 3학년이야. 공부 말고도 이것저것 하고 싶은 걸 해봐야 할 나이지."

"아빠, 고마워요! 아빠 짱!"

연두는 아빠의 팔에 매달렸다. 처음으로 뭔가를 배우고 싶다는 생각으로 신나는 기분은 처음이었다.

다음날 학교가 끝나자마자 할아버지와 함께 피아노 학원에 가서 등록을 했다. 처음 만져 보는 건반은 매끄럽고 시원했다. 건반을 세게 누르

면 크게, 살살 누르면 작게 소리가 나는 것도 신기했다. 처음이라 테스트 겸, 한 손으로 '도레미파솔라시도'만 쳤는데도 심장이 붕붕 뜨는 기분이었다.

"자, 그럼 내일부터 늦지 않게 학원에 오는 거예요!"

피아노 선생님은 환하게 웃으며 연두와 할아버지를 배웅했다. 나오면서 얼핏 보니 석우는 두 손으로 어려운 곡을 치고 있었다.

'나도 빨리 연습해서 두 손으로 쳐야지.'

집으로 오는 길에 서점에 들러 피아노 연습용 책을 샀다. 할아버지는 피아노 악보는 처음 본다며 신기해했다.

올해만 해도 연두의 꿈은 여러 번 바뀌었다. 학기 초에 시장에서 낯선 사람과 인터뷰를 할 때는 기자가 되고 싶었고 환경 미화 준비 때는 인테리어 디자이너가 멋있어 보였다. 지금은 피아노를 배워 작곡가가 될까 피아니스트가 될까 고민 중이다. 언제 또 새로운 일을 알게 되고 그 길을 가게 될지는 모르겠지만 지금은 일단 피아노에 빠져 보고 싶었다.

"할아버지, 피아노 열심히 배워서 할아버지가 좋아하는 노래 연주해 드릴게요."

"고맙구나. 말만 들어도 아주 고마워."

연두는 언제가 될지 모르지만 그날이 빨리 왔으면 좋겠다는 마음뿐이었다.

　피아노를 배우면서부터 민희와 주은이에 대한 걱정도 잠시 내려놓을 수 있었다. 피아노 선생님은 일주일에 세 번 수업이지만 매일 와서 연습해도 좋다고 했다. 학원에는 피아노가 여러 대라 수강생이 없을 땐 마음껏 연습할 수 있었다. 하지만 주말이면 학원이 쉬어서 피아노를 칠 수 없어서 답답했다. 연두는 피아노 선생님에게 하소연을 했다.

"피아노가 집에 있으면 더 열심히 연습할 것 같은데 아쉬워요."

"그래? 하지만 당분간은 학원에 와서 연습하고 좀 더 실력을 기른 뒤에 구입하는 게 좋겠다."

"왜요?"

"처음에는 재밌어하다가 금방 싫증 내는 아이들도 많거든."

그때 누군가가 끼어들었다.

"그러면 내 전자 키보드 줄까?"

돌아보니 석우였다.

"전자 키보드?"

"응, 전자 오르간 같은 거. 난 이제 안 써. 집에 피아노를 샀거든."

"아유, 우리 석우 착하네. 그거 정말 연두 줄 수 있겠어?"

선생님이 대신 물었다.

"그럼요. 어차피 집에서는 아무도 사용하지 않아서 이리저리 굴러다니는데요, 뭐."

"부모님께 말씀 안 드려도 될까?"

"걱정 마세요. 제가 얘기하고 가져올게요. 아니다, 지금 가져올게요."

연두가 뭐라고 말할 사이도 없이 석우는 쌩하니 나가 버렸다. 전자 키보드는 어떻게 생긴 것일까? 석우가 혼자 들고 올 수 있을까? 그런 생각을 하느라 연두는 박자를 자꾸 틀렸다. 피아노 수업을 마치고 학원을 나오자 학원 앞에 자동차 한 대가 서 있었다. 차창 밖으로 석우가 손을 흔들었다.

"연두야! 우리 엄마가 너네 집까지 가져다주신대. 어서 타."

"어머, 네가 연두구나. 반갑다. 어서 타라."

활짝 웃으며 창문으로 내다보는 석우 엄마가 어쩐지 낯익었다. 생각해 보니 바로 시장 만두집에서 처음으로 인터뷰를 했던 아주머니였다.

"안녕하세요? 정말 감사합니다."

연두는 반가운 마음에 깍듯하게 인사했다. 아주머니는 신기한 인연이라고 재밌어했다. 그날 아주머니가 얘기했던 부추 만두를 좋아한다는 아들이 바로 석우였던 거다.

마침 일찍 퇴근해 있던 엄마와 석우 엄마는 짧은 시간 동안 엄청난 수

다를 주고받았고 다음에 꼭 다시 만나자는 얘길 하고 나서야 헤어졌다. 다음에는 엄마가 한 턱 내기로 하고 말이다. 연두도 석우에게 뭔가 고마움을 표시를 하고 싶었지만 입이 떨어지지 않았다.

"석우야."

"응? 왜."

"고, 고마워."

그러자 석우는 별거 아니라는 듯 어깨를 으쓱하더니 차에 올랐다.

연두는 그동안 석우를 부주의하게 다리나 부러지고 시끄럽게 축구나 하러 나가는 그저 그런 아이로만 생각했다. 자신의 편견이 좋은 친구를 사귈 기회를 흘려보낸 것 같아 미안한 마음에 차가 안 보일 때까지 손을 흔들었다. 엄마도 연두 덕분에 좋은 이웃을 알게 됐다며 기뻐했다.

화해

 다음날 학교에 도착하자마자 연두는 민희와 주은을 불렀다. 둘은 할 얘기가 없다는 듯 뾰로통했지만 연두는 뉴스가 있다며 둘을 복도로 데리고 나갔다.
 "애들아, 나 요즘 피아노 배워. 그런데 그 학원에 석우도 다니더라고. 나는 그동안 석우가 별 볼일 없는 애라고만 여겼는데, 양손으로 피아노 연주를 하는 석우 모습을 보면서……."
 연두는 피아노를 치게 된 이야기며 석우에 대한 새로운 마음까지 거침없이 쏟아냈다. 시큰둥했던 민희와 주은이도 연두가 하는 말의 뜻을 이해하는 듯했다. 그러면서 자연스럽게 민희와 주은이도 얘기를 나누었다. 서로에게 화가 나긴 했지만 연두, 민희, 주은 세 사람은 서로를 잘 아는 친구 사이였다. 대화를 시작하자 언제 싸웠냐는 듯 세 사람은 끈끈한 우정의 울타리 속으로 들어왔다.

세 사람은 학교 끝나고 연두네 집에서 그동안 쌓였던 오해도 풀고 연두의 피아노 솜씨도 구경하기로 합의했다. 피아노 덕분에 셋은 다시 하나가 된 것이다. 불편했던 시간을 끝내고 셋이 다시 친해질 수 있다니 연두는 날아갈 것 같았다. 두 사람이 화해하길 그렇게 바랐으면서도 막상 나서서 화해시킬 용기가 없었는데 피아노가 자신감을 준 게 아닌가 싶었다. 역시《채근담》의 말들이 옳았다.

괴로움과 즐거움을 다 같이 연마하고,
연마한 끝에 얻은 행복, 그 행복이라야 오래간다.
의심과 믿음을 다 같이 생각하고 생각한 끝에 얻은 지식,
그 지식이라야 참된 지식이다.

연두네 집에 모인 민희와 주은이는 연두가 거실 테이블 위에 전자 키보드를 놓고 〈반짝반짝 작은별〉을 치는 모습을 보고 박수를 치며 칭찬

했다.

"와, 벌써 그 노래를 칠 수 있다니 대단해!"

"역시 연두는 한다면 한다니까!"

두 사람은 열심히 연두를 격려했다. 민희는 오빠 없는 날 자기 집에 와서 피아노를 치라고 권했지만 연두는 사양했다. 주중에는 피아노 학원을 열심히 다니고 주말에는 석우가 준 키보드로 연습하면 충분했다. 민희는 피아노를 어릴 적에 배우다가 초등학교에 들어오면서 그만뒀다고 했다. 주은이는 별로 배우고 싶지 않다고 했다. 연주보다는 춤이 훨씬 재미있단다.

이번에는 민희가 태권도가 생각보다 재미있다며 몇 가지 동작을 보여 주었다. 지금은 시작이라 노란 띠지만 하늘이는 품띠라고 했다. 품띠가 뭔지는 모르겠지만 꽤 잘하는 것 같다. 하늘이는 그림만 그리는 조용한 아이인 줄 알았는데 태권도까지 잘하다니 의외였다. 어떻게 보면 모두들 의외의 모습을 가지고 있다. 연두는 친구들의 한 부분만 보고 그 사람을 단정해 버리는 것이 얼마나 위험한지 다시 한번 깨달았다.

"아참, 너희 그거 알아? 석우가 학기 초에 다리를 다친 게 태권도 학원에서 하늘이와 대련하다 그런 거였대."

"어머머, 정말?"

"그래도 두 사람이 하나도 내색 안 하고, 석우도 하늘이에게 뭐라고 하지도 않고, 하늘이 역시 석우가 다 나을 때까지 도와주면서 책임을 다했다니 놀랍지 않니?"

"야, 두 사람 모두 정말 멋진데!"

연두는 진심으로 두 사람을 칭찬했다. 어느새 아이들은 한 뼘씩 몸도 마음도 커 가고 있었다.

"그런데 석우는 덩치는 커다란 애가 글씨가 이게 뭐니?"

주은이의 말에 연두는 깜짝 놀랐다. 키보드 모퉁이에 석우가 붙여 놓은 이름표가 있었다. '홍석우꺼'라는 글자를 보는 순간 동글동글 가지런한 글씨체가 어디서 많이 본 느낌이 들었다.

'정연두 ♡ 강하늘'

이럴 수가! 그 낙서의 범인이 석우였다.

연두는 망치로 머리를 한 대 맞은 기분이었다. 민희와 주은이에게 내색하지 않았지만 너무 당황해서 친구들 배웅도 제대로 하지 못했다. 왜 석우는 그런 낙서를 했을까? 그 낙서 때문에 동호와 싸우기도 했고 하늘이랑 한동안 서먹하게 보낸 걸 생각하면 화가 치솟았다.

하지만 한참을 생각해 보니 어쨌든 지나간 일이었다. 반에 소문도 퍼지지 않았고 그것으로 어떤 일도 벌어지지 않았다. 어쩌면 한때의 장난으로 석우는 연두에게 계속 미안해하고 있었을지도 모른다. 누구나 실수는 하니까. 어쩌면 이런 마음은 오랫동안 할아버지에게 들어온 《채근담》의 글귀 덕분인지도 몰랐다.

　연두는 석우를 용서하고 더 이상 마음에 두지 않기로 했다. 그보다는 피아노가 없는 연두에게 전자 키보드를 선뜻 내어 준 그 마음을 더 오래 기억하리라 생각했다.

아빠는 과외 선생님

　피아노 학원을 다니는 대신 아빠한테 영어를 배우기로 한 연두의 영어 실력이 조금씩 늘었다. 학원 다닐 때는 지겹기만 했던 영어 단어 외우기도 아빠와 함께 하면 훨씬 수월했다. 아빠가 여러 번 반복해서 묻고 설명해 주었기 때문이다. 단어를 많이 알게 되자 긴 문장을 보아도 당황하지 않았다.

　수학은 이미 방학 때 예습한 내용을 학교에서 다시 배웠기 때문에 훨씬 이해가 잘 돼 부담이 없었다. 덕분에 연두는 2학기 중간고사 성적이 1학기 때보다 많이 올라 선생님한테 칭찬을 들었다.

"어머나, 정연두. 영어와 수학 성적이 많이 올랐네. 무슨 비결이라도 있는 거야?"

"아뇨, 그냥 집에서 아빠에게 배우고 있어요."

"그렇구나. 연두 아빠는 아주 좋은 선생님이신가 보다."

연두는 집으로 돌아와 선생님에게 칭찬받은 자랑을 했다. 덕분에 아빠도 흐뭇한 표정을 지었다.

"너희 담임선생님이 아주 훌륭한 안목을 가지셨구나."

"그건 잘 모르겠지만 무슨 일만 생기면 '어머나, 어머나!'를 연발해서 아이들이 '어머나 선생님'이라고 불러요."

"에이, 선생님을 그렇게 놀리면 안 되지."

아빠는 한 번도 보지 않은 담임선생님의 팬이 되어 무조건 선생님 편만 들었다.

그로부터 며칠이 지나지 않았을 때였다. 엄마를 찾는 전화가 왔다.

"어머, 연두 어머니? 저는 연두랑 같은 반인 진호 엄마인데요, 연두가 연두 아버지에게 영어랑 수학을 배운다면서요? 혹시 가능하면 우리 진호도 같이 공부하면 안 될까요?"

"네? 아, 그건 그냥 집에서 쉬엄쉬엄 하는 거라……."

"그러니까요. 저희 진호도 같이 쉬엄쉬엄 해봤음 해서요."

"아…… 정 그러시면 연두 아빠 들어오면 같이 상의해 볼게요."

엄마는 당황하면서 전화를 끊었다.

이뿐이 아니었다. 비슷한 전화가 서너 곳에서 걸려 왔다. 연두가 아빠와 공부해서 성적이 많이 올랐다는 소문이 어느새 온 동네에 퍼진 것 같았다. 처음에는 농담으로 여겼던 아빠도 차츰 진지하게 고민하기 시작했다.

아빠는 엄마, 할아버지와 논의한 후 일단 집에서 과외방을 시작해 보기로 했다. 아빠는 어려서부터 공부를 잘했다고 한다. 대학도 좋은 곳을 나왔다. 하지만 직장 생활은 아빠와 잘 맞지 않았다. 여러 회사를 옮겼고 지금 다니는 회사 역시 아빠가 만족해하지 않는다는 걸 가족 모두 알고 있었다. 연두는 아빠가 직장 생활보다는 가르치는 일이 더 보람 있고 즐겁다고 했던 말이 기억났다.

우선 창고로 쓰던 문간방을 청소하는 일부터 시작했다. 중고 가구점에서 책상과 의자를 사다 놓고, 칠판까지 마련하자 그럴듯했다. 그렇게 아빠는 과외 선생님이 되었다. 연두도 혼자가 아니라 친구들과 함께 수업을 듣게 되니 좋았다.

주은이도, 동호도, 석우도 연두네 집에서 공부했다. 연두는 낡은 집을 친구들에게 보여 주는 것이 창피했지만 다른 한편으로는 이렇게 작은 마당과 수돗가를 가지고 있는 한옥집이라는 게 뿌듯하기도 했다.

 아쉽지만 하늘이는 공부하러 오지 않았다. 하늘이는 집에서 만화책 읽는 게 취미라고 했다. 만화 가게에 새로 들어오는 만화는 제일 먼저 읽어 보고 어떤 책이 인기 있을지 구별해 낸단다. 나중에 웹툰이나 애니메이션 작가가 되는 게 꿈이라는데 진짜로 그렇게 될 것 같다.

 하여튼 아빠가 과외 선생님이 되면서 할아버지도 집안일에서 해방되었다. 이제 청소와 설거지도 대부분 아빠가 한다. 어제는 엄마에게 주부 습진이 생겼다고 엄살까지 부렸다. 다행히 엄마가 다니는 회사도 야근이 줄어 예전보다 일찍 퇴근한다. 엄마와 아빠 사이가 좋아지자 집이 안정이 되어 가는 느낌이었다.

 얼마 전에 할아버지가 읽어 주었던 《채근담》의 글귀가 떠올랐다.

하늘이 내게 복을 박하게 준다면
나는 내 덕을 깊게 하여 이를 극복하고,
하늘이 내 몸을 수고롭게 한다면
나는 내 마음을 편안히 가져 이를 헤쳐 나가며,

하늘이 내 처지를 어렵게 한다면

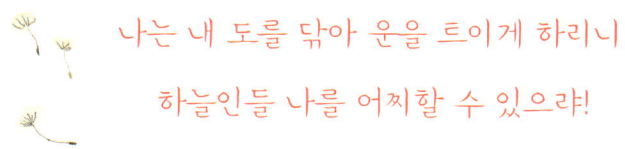

나는 내 도를 닦아 운을 트이게 하리니,
하늘인들 나를 어찌할 수 있으랴!

가을이 깊어 갈 무렵 연두네 반에 빅 뉴스가 생겼다.

"여러분, 다음 달에는 2주일 동안 다른 선생님이 오실 거예요. 그동안 그 선생님 말씀 잘 들어야 해요."

"왜요, 선생님?"

아이들은 갑작스러운 소식에 놀라 물었다.

"사실은 선생님이 잠깐 여행을 다녀올 거거든."

"네?"

아이들이 웅성거리자 선생님은 볼을 살짝 붉히며 결혼 소식을 전해 주었다. 여행이라는 것은 신혼여행이었다.

"꺄!"

아이들은 책상을 두들기며 박수를 치고 발을 구르며 축하한다고 난리를 쳤다. 선생님은 얼굴을 가리며 웃었다. 선생님이 하늘하늘 스카프를 두르고 매일매일 잘 웃었던 것은 다 이유가 있었다.

반 아이들은 결혼식 날 선생님을 위한 축가를 부르기로 했다. 주은이가 지휘를 하고 석우가 반주를 맡았다. 아이들은 축하의 마음을 담아

한마음으로 노래를 연습했다. 처음에는 엉망진창이었던 합창이 화음이 맞아 갈 때쯤 결혼식 날이 되었다.

하얀 웨딩드레스를 입은 선생님은 정말 예뻤다. 반 아이들은 선생님과 단체 사진을 찍었다. 신부 대기실로 신랑이 들어오자 여자아이들은 꺅꺅 소리를 질러 댔다. 두 사람의 모습은 정말 잘 어울렸다. 연두는 두 분이 진심으로 행복하기를 바랐다.

결혼식장에 어른들보다 열 살짜리 아이들이 더 많아 시끄럽긴 했지만 어른들도 모두 흐뭇해하는 모습이었다. 드디어 축가 순서가 되자 아이들은 우르르 단상으로 올라갔다. 축가를 정말 잘 불렀는지는 모르겠지만 선생님이 눈물을 흘리면서도 좋아하는 걸 보니 아주 못하지는 않았나 보다. 유쾌한 결혼식이었다.

알파고보다 군자

담임선생님 대신 온 선생님은 무서운 할아버지 교감 선생님이었다. 첫날은 모두 교감 선생님이 무서워서 조용히 있었지만 다음날이 되자 아이들은 슬금슬금 떠들기 시작했다. 교감 선생님은 아이들이 떠드는 것보다는 인사를 안 하거나 존댓말을 안 쓰는 것을 절대 용서하지 않았다. 은호와 지연이 등이 인사를 하지 않아 벌써 야단을 맞았다. 연두는 교감 선생님이 인사나 예절 같은 옛것만 강조하고 아이들의 마음은 몰라 주는 건 아닌지 걱정스러웠다.

그런데 교감 선생님이 어느 날 특이한 숙제를 내주었다.

"알파고하고 이세돌 사범하고 바둑 대결한 거 아는 사람?"

"저요!"

"저요!"

아이들은 앞다투어 손을 들었다.

"많이들 아는구나. 그런데 알파고가 뭐였지?"

"컴퓨터요!"

"인공 지능이요!"

"로봇이요!"

여러 답들이 나왔다.

"그래, 잘들 알고 있구나. 여러분의 말대로 알파고는 인공 지능 컴퓨터, 그러니까 로봇 같은 건데 앞으로 바둑뿐 아니라 많은 곳에서 사람을 앞서 나갈 거야. 그래서 인간의 일을 로봇이 대신하게 될 거고. 힘들고 어려운 일은 다 로봇이 하면 되니까. 그렇다면 사람들은 뭘 해야 할까? 로봇과 경쟁하며 어떻게 살아가야 할까? 자, 내일까지 로봇 시대를 살아가는 방법에 대해 생각해 오는 것이 숙제다. 부모님과 함께 토론해 보면 더 좋겠지?"

교감 선생님의 숙제는 집에서도 화제가 되었다. 아빠와 엄마도 다양한 의견을 내놓았다. 아빠는 알파고가 아무리 훌륭해도 선생님이란 직업은 사라지지 않을 거라며 뒤늦게라도 선생님이 된 것이 잘한 일이라고 뿌듯해했다. 엄마는 아무리 로봇 세상이라도 엄마는 사라지지는 않을 거라고 자랑스러워했다. 할아버지는 알파고가 기술적으로만 훌륭하지 도덕적으로 훌륭하지는 않을 거라며 그럴수록 옛 어른들이 강조한 군자의 덕이나 선비 정신 같은 게 필요하다고 말했다.

덕은 재주의 주인이고, 재주는 덕의 종에 불과하다.
재주만 있고 덕이 없는 사람은
집안에 주인은 없고 종이 일을 휘두름과 같으니,
어찌 도깨비가 날뛰지 않겠는가.

2주일 뒤 담임선생님은 더 행복한 얼굴로 돌아왔다. 원래도 스마일 선생님이었지만 결혼 후에는 더 잘 웃고 유쾌해져서 아이들은 선생님을 더욱 따랐다.

가을 체육 대회도 열렸다. 연두네 반은 축구 대회에서 결승까지 올랐지만 아쉽게 지고 말았다. 하지만 동호는 최고 선수상을 받았다. 축구를 열심히 했고 그 결과가 나온 것이라 생각하자 연두는 진심을 다해 축하의 박수를 보냈다. 검게 그을린 동호의 얼굴이 씩씩해 보였다.

운동장의 나무들이 울긋불긋 변하기 시작할 무렵에는 소풍도 가서 가을을 만끽했다. 마지막 기말고사에서는 연두뿐 아니라 아빠에게 배운 아이들 모두 성적이 올랐다. 연두네 집으로 공부를 배우러 오는 학생들은 점점 늘어 아빠는 요즘 입이 귀에 걸릴 정도다. 덕분에 요즘 엄마와 아빠는 근처 상가에 사무실을 얻어 제대로 학원을 차려야 하는 건 아닌지 심각하게 고민 중이다.

귤 익는 계절

3학년 2학기의 마지막 수업이자 겨울 방학이 시작되는 날이었다.

지난 1년간을 돌아보며 반 아이들은 각자가 살아온 만큼의 평가를 받았다. 상장을 여러 개 받은 친구도 있었고 앉아서 박수만 쳐야 하는 친구도 있었다. 연두는 개근상을 받았다. 특별히 잘하는 것이 없는 연두였기에 어쩌면 당연한 결과인지 몰랐다. 하지만 낯선 곳으로 전학 와 아침마다 학교 가기 싫어 괴로워했던 학기 초를 생각해 보면 무엇보다 뜻깊은 상이었다. 할아버지의 말이 맞았다.

하루 해가 저문 후라야 노을은 아름답고,
한 해가 저물어갈수록 귤은 더 향기로워진다.

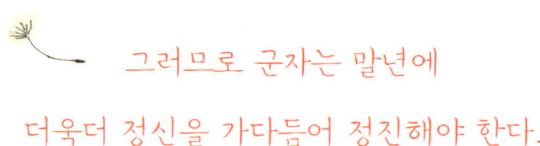 그러므로 군자는 말년에
더욱더 정신을 가다듬어 정진해야 한다.

연두가 좋아하는 귤은 겨울이 와야 더 달고 맛있다. 나뭇잎도 떨어지고 모든 것이 얼어붙는 계절에 귤은 가장 빛나는 노란색으로 맛있게 익는다. 긴 시간과 찬바람 속에서 맛과 향이 깊어진 것이다.

연두와 친구들과의 관계도 그랬다. 처음엔 두렵고 어색했지만 시간이 쌓여 가면서 외로웠던 연두에게 하나둘 친구가 생기고, 그 친구들과 오해도 하고 토라지기도 하고 속상하기도 한, 그런 어려움을 이겨 내고 화해하면서 점점 단단하고 사이좋은 친구가 되었다.

친구 관계뿐 아니라 모든 일이 그렇다. 피아노도 처음에는 간신히 한 손으로 도레미를 똥땅거리다 지금은 어설프지만 화음도 넣고 반주도 하며 노래를 연주할 수 있게 되었다. 어렵지만 매일 노력하고 연습한 덕분이다. 이렇게 모든 일에 시간과 정성을 쏟는다면 군자는 못 돼도 절대 나쁜 사람은 되지 않을 것이다.

하지만 긴 겨울 방학 후에는 헤어짐뿐이라는 게 연두는 너무 아쉬웠다. 담임선생님과도 헤어지기 싫었다. 이대로 즐겁고 행복한 3학년이 쭉 계속되다가 어느 날 문득 눈을 떠 보니 대학생이었으면 좋겠다는 생각이 들 정도였다. 그렇다면 골치 아픈 영어, 수학 공부를 안 해도 되고 수능이라는 무서운 시험도 안 보고 정말 행복할 것 같았다.

하지만 이것은 연두의 달콤한 상상일 뿐, 선생님은 벌써 마지막 종례를 마치고 있었다. 마지막이라서인지 겨울이라서인지 연두는 교실이 썰렁하게 느껴졌다.

눈 속을 걸으며

집으로 돌아오는 길에 흰 눈이 내렸다.

민희와 주은이랑 연두는 마지막으로 떡볶이를 먹으면서 작별 인사를 했다.

"주은아, 민희야, 방학 때도 자주 연락하자. 나 잊지 말고!"

"그럼, 당연하지. 우리 4학년 때도 꼭 같은 반 되자고 기도하자."

그때 주은이의 휴대 전화가 울렸다.

"언니? 어디야? 사거리로 오라고? 알았어."

주은이는 언니를 만나러 갔다. 민희도 엄마와 가야 할 곳이 있다면서 자리를 떴다. 연두는 혼자 남았지만 외롭지는 않았다. 마음을 나누는 친구가 있으니까. 또 이사를 가지 않는다면 내년에도 만날 수 있다.

거센 바람, 모진 비에는 새들도 근심하고,
맑은 날씨, 따뜻한 바람에는 초목도 기뻐한다.
이를 보더라도 알 수 있다.
천지에 하루라도 온화한 기운이 없어서는 안 되고,
사람의 마음에 하루라도 즐거움이 없어서는 안 된다는 것을.

연두는 《채근담》에서 읽었던 글귀를 중얼거렸다.

'그래, 그러고 보니 할아버지가 들려주신 《채근담》 글귀로 많은 도움을 받았구나. 한 해 동안 큰 힘이 되었어. 오늘은 할아버지에게 꼭 감사하다고 말씀드려야지.'

1년 동안 연두와 할아버지가 함께 읽었던 《채근담》의 글귀 중에서 이제 외울 수 있는 문장도 많았다. 마음이 힘들 때마다 구절을 떠올리고 외우다 보면 위로도 되고 힘도 생겼다.

'앞으로 어떤 일이 생길지 모르지만 오늘 하루처럼 즐겁고 기쁘게 지낸다면 내일도 분명 행복할 거야. 학기 초에는 학교가 무서웠지만 좋은 친구들을 만나고 재밌는 일이 많았잖아? 4학년에도 그럴 게 분명해. 어쩌면 더 행복한 4학년이 기다리고 있을지도 몰라. 민희랑 주은이랑 하늘이랑 석우랑 동호 중에서 누구랑 같은 반이 될까? 어떤 친구들과 무슨 일이 생기든 나는 겨울바람을 이기는 따뜻한 봄바람 같은 사람이 되어야지. 좋은 사람이 되려는 노력을 멈추지 않는다면 언제나 좋은 일들이 가득할 거야.'

한 발 한 발 내딛는 발걸음에 힘이 생겼다. 흰 눈이 펑펑 내리고 있었지만 눈 속을 걷는 연두의 마음이 어느 때보다 밝고 따뜻했다.

나의 첫 인문고전 01
열 살, 채근담을 만나다

초   판 1쇄 발행 2019년 4월 19일
개정판 1쇄 발행 2024년 6월 10일

지은이 | 한영희
그린이 | 소소림
펴낸이 | 한순 이희섭
펴낸곳 | (주)도서출판 나무생각
편집 | 양미애 백모란
디자인 | 박민선
마케팅 | 이재석
출판등록 | 1999년 8월 19일 제1999-000112호
주소 | 서울특별시 마포구 월드컵로 70-4(서교동) 1F
전화 | 02)334-3339, 3308, 3361
팩스 | 02)334-3318
이메일 | book@namubook.co.kr
홈페이지 | www.namubook.co.kr
블로그 | blog.naver.com/tree3339

ISBN 979-11-6218-300-7 73810

값은 뒤표지에 있습니다.
잘못된 책은 바꿔 드립니다.

＊종이에 베이거나 긁히지 않도록 조심하세요.
＊책 모서리가 날카로우니 던지거나 떨어뜨리지 마세요. (사용연령: 8세 이상)
＊이 작품은 한국문화예술위원회 창작레지던시 프로그램으로 담양 〈글을 낳는 집〉에서 집필했습니다.
＊KC마크는 이 제품이 공통안전기준에 적합하였음을 의미합니다.